La Ciudad de Solar
Hayden y Katrina

9

Pluma
Maestra

Christian D. Gutiérrez Díez

LA CIUDAD DE SOLAR

HAYDEN Y KATRINA

aache
ediciones

Guadalajara
2026

© 2026. De los textos: Christian D. Gutiérrez Díez.

Producción, maquetación y edición electrónica:
AACHE Ediciones
C/ Malvarrosa, 2
Telef. 949 220 438
Internet: www.aache.com
E-mail: editorial@aache.com
19005 – GUADALAJARA (España)

Impresión:
PodiPrint
C/ Cuevas de Viera, 2
29200 – Antequera (Málaga)

Impreso en España / Printed in Spain.

ISBN: 978-84-19813-96-1
Depósito Legal: GU-21/2026

ÍNDICE

Capítulo 1: La pandilla

Hayden.

«Hayden, despierta. Venga, Hayden, arriba». Esas eran las voces que resonaban en mi cabeza, interrumpiendo el sueño más placentero que podía tener ahora mismo. Podía saborear la pizza de cuatro quesos que se derretía en mi boca, tan jugosamente, junto a una lata de Coca-Cola fresquita, aunque el callejón en el que dormía y las noches, día tras día, eran mucho más heladas desde la llegada del invierno.

«Hayden, despierta o te tiraré un cubo de agua a la cara».

Como era de esperar, ya estaba mi querida amiga Katrina molestando sin parar. Era un encanto, pero a la vez muy pesada. Esta vez no iba a salirse con la suya. Katrina no sabía que estaba despierto; es normal, se me da bien actuar. Por lo tanto, ya estaba preparado para cuando se acercara con el cubo de agua. Podía escuchar sus pasos acercándose lentamente hacia mí. Su respiración era calmada, casi como una canción lenta, al igual que el sonido de las tripas. Era normal, ya que llevábamos días sin probar bocado.

Bueno, llegó la hora de pasar a la acción. Contaré hasta tres: uno, dos y tres.

Con un rápido movimiento, giré mi cuerpo entero hacia ella. Agarré el cubo tan fuerte que los dos estábamos enganchados a él y nos miramos a los ojos. Pude notar en su mirada una expresión de sorpresa, ya que no se lo esperaba.

—Buenos días, Hayden. Pensé que te pasarías todo el día pegado a la cama como un saco de patatas. Sé que te gusta dormir en él, debido a que tu cerebro es igualito que una patata. Claro que has de estar dentro —habló con tono de burla.

—Veo, Katrina, que te has levantado de buen humor, tan insoportable como siempre —arqueé la ceja izquierda.

Se hizo el silencio. Noté que algo más estaba tramando. Tenía una sonrisa pícara, la cual más de una vez me había engañado. Es demasiado lista como para pillar sus truquitos a la ligera.

—Y bien, Katrina, ¿querías algo? Aparte de querer tirarme un cubo de agua encima. —Ya sabía cómo contraatacar su jugada.

—Ya sabes qué día es hoy, Hayden. Es un día muy, pero que muy especial. Pero, sabiendo lo torpe que eres, solo quería refrescarte un poco la memoria, si te parece bien —dijo con una sonrisa algo provocativa.

Por supuesto que sabía qué día era: era mi cumpleaños. Aún recuerdo cuando mi padre, borracho, decidió abandonarme el 14/05/2009, en las oscuras calles de la ciudad de Solar, nada menos que en Skid Row. Un lugar en el que los olvidados conviven entre ellos; mejor dicho, viven para Scott, más conocido como «el Cicatrices».

Scott tenía veintiséis años y controlaba toda la zona de los suburbios. La gente le temía. Se puso aquel nombre debido a que su padre le dejó marcada la espalda. Los vagabundos solían decir que abusaba de él, pero cuando Scott se enteraba de que alguien hablaba sobre ese tema o no acataba sus órdenes, buscaba a la persona que desobedecía sus normas y le marcaba una cicatriz en el ojo. Comenzaba desde una parte de la frente, hacia abajo, hasta pasar el ojo.

Katrina tiene una cicatriz en el ojo derecho. Scott intentó abusar de ella, pero Katrina no se dejó intimidar por él. Solo tiene quince años y es más fuerte de lo que la gente se imagina.

Un día en el que estaba lloviendo sin cesar, y parecía que el cielo se iba a comer la ciudad, apareció una niña con un oso de peluche, el cual apretaba muy fuerte contra su pecho. En ese momento ella tenía tan solo trece años y yo tenía doce. La lluvia caía sobre ella, mojando todo su rostro, pero la lluvia no era lo único que mojaba su cara, sino también las lágrimas que caían de esos ojos marrones, oscuros como el otoño.

Los vagabundos que estaban tirados por el suelo alzaban los brazos para intentar cogerla, pero ella seguía con paso firme, sin mirar hacia los lados. Cada vez caminaba más deprisa. Un hombre, con el pelo despeinado y la ropa rasgada, se acercó a ella por detrás, donde la agarró fuertemente del brazo derecho y comenzó a tirar de ella, mirando hacia los lados. La niña lo único que podía hacer era gritar. El hombre la tiró a un charco de agua y el peluche salió disparado contra la pared.

Agarré una palanca de hierro y me apresuré, corriendo hacia ellos. Escuchaba cómo el hombre le decía que se callara, lo mismo que mi padre le decía a mi madre antes de morir. Sujetando el hierro con las dos manos, tan fuerte que me dolían, le propiné un fuerte golpe en la espalda. El hombre se giró entre gritos de dolor y le di un golpe más en la cabeza, donde cayó desplomado al suelo.

Agarré el peluche, que estaba a unos metros del hombre, y me dirigí hacia ella. Estaba con los ojos cerrados y llorando sin parar. Empecé a decirle que se calmara, que lo malo había pasado. Le extendí la mano con el peluche y le pregunté cómo se llamaba. Me respondió con cara de susto y yo me presenté. Desde entonces no nos hemos separado.

Es más fuerte que muchas de las personas que se han cruzado en mi vida. Tiene el pelo de color castaño claro y es alargado, tan largo que podría envolverte con él. Una mirada, junto a una sonrisa, que haría revivir a las personas. Es divertida, al igual que pesada. A ella no le gusta cómo se ve, pero pienso que con el tiempo verá lo maravillosa que es, aunque eso no se lo he dicho.

—¿Hayden, quieres volver al planeta Tierra? —su tono era de preocupación.

—¿Cómo? ¿Qué dices? Ah, sí, perdona, estaba pensando —dije mientras miraba las nubes.

—¿Y en qué pensabas? —dijo con voz suave.

—En esto —le tiré el cubo por encima de la cabeza.

Comencé a reírme sin parar, como si un mal chiste estuviera ahora mismo en el aire. El problema es que a Katrina no le hizo mucha gracia. Noté cómo se estaba enfureciendo. Los mofletes se le estaban hinchando, tomando un color rojizo. Las cejas se chocaban entre ellas, como si se estuvieran tocando dos platillos entre sí. He de admitir que era bastante gracioso.

Pero entonces su mirada se clavó en el suelo y los puños, que mantenía cerrados, se relajaron, abriendo así las manos, hasta que se las llevó al pecho y comenzó a reírse a carcajadas sin parar. No entendía lo que estaba ocurriendo. Ella detestaba mojarse el pelo, ya que lo tenía muy largo, y además su ropa acabó mojada, hasta el punto de que se le podía notar la ropa interior.

Rápidamente clavé mi mirada hacia el lado derecho, donde dos ratas estaban caminando por las piernas de un vagabundo. Katrina seguía riéndose sin parar, hasta tal punto que llegaba a ser molesto, así que, dispuesto a darle la espalda para marcharme, escuché un grito:

—¡Hayden, espera! ¿A dónde vas con tanta prisa? ¿Te da vergüenza mirarme? Después de todo, no eres tan valiente como te piensas —se burlaba de mí.

—Katrina, ¿qué te parece si vas a molestar a esas ratas de ahí o, mejor aún, te vas a fastidiar a Alex? —le dije con una sonrisa que no le gustó.

Entonces, unos pasos se aproximaban tan deprisa que no me dio tiempo a reaccionar.

—Toma agua caliente, Hayden. La he hervido especialmente para ti. Feliz cumpleaños, amigo —esa voz era tan familiar.

Entonces, un cubo de agua ardiendo me cayó encima. Estaba tan caliente que, por un momento, pensé que se me quemaba la piel. Por la voz deduje que era Alex, o como él quería que le llamara, «Future», aunque a mí me parecía ridículo. Él siempre ha mantenido en su cabeza que acabará con Scott y que será el siguiente en controlar los suburbios. Nunca he estado de acuerdo con él en eso, por dos sencillas razones.

La primera es que lo más seguro es que Scott acabaría con él sin pensarlo dos veces, además de que tiene centenares de matones a sueldo a su lado. Y la otra razón es que no tengo pensado pasarme la vida aquí encerrado.

Alex tiene diecisiete años, pero los utiliza para meterse fajos de cocaína en el cuerpo, suministrada por Scott, que recibe a cambio por los recados que hace para él. Lo tiene atrapado en ese mal que acabará por matarlo.

La verdad es que nunca nos ha contado parte de su vida. Una tarde apareció con el rostro ensangrentado y la nariz partida. Entonces Katrina se acercó a él para ver qué le ocurría, pero lo único que hacía era apartarla, moviendo el brazo de un lado a otro.

Días después, cuando Katrina y yo estábamos tomando una lata de alubias que habían tirado a la basura, Alex miraba cómo comíamos y pude deducir que tenía hambre, así que le invitamos a cenar con nosotros. Desde entonces, los tres permanecemos juntos, en lo bueno y en lo malo.

—Mira tú por dónde, Hayden, ya estamos los tres. ¿No querías que fuera a por Alex? Pues aquí lo tienes. Además, te trajo un regalo más caliente que el mío —dijo Katrina, llevándose la mano derecha a la boca para que no se le escapara la saliva mientras se reía.

—¡Alex, un día de estos me las pagarás! —le dije con un grito, acompañado de un puñetazo que iba dirigido a su mandíbula, el cual pudo esquivar fácilmente, lanzando un manotazo a mi muñeca que me hizo girar el cuerpo entero. Con su brazo derecho pudo rodearme el cuello y, con la mano izquierda, comenzó a rasparme el pelo.

—Feliz cumpleaños, renacuajo. Creo que aún eres demasiado pequeño como para poder acabar conmigo. Inténtalo en tus próximos quince años. Y ahora vayamos a celebrar tus catorce, ¿te parece bien? —dijo con una sonrisa de oreja a oreja.

Capítulo 2: Soplar las velas

Mientras Katrina y Alex están preparando la fiesta de cumpleaños, la cual no tengo ganas de festejar, he decidido ir a buscar algo de dinero. La manera de conseguir, al menos, unas monedas era apostarse en las salidas de los restaurantes, donde las personas veían a un pobre niño con ganas de llevarse algo de comida a la boca. La gente solía mirarme con cara de pena o de apestado, pero a mí no me importaba la mirada que pusieran; mientras pudiera coger unas monedas, daba igual si se burlaban, se reían o, lo peor de todo, si me escupían a la cara.

Debías tener los ojos abiertos tanto para calar a las personas más adineradas, como a la policía, por si decidían llevarte con ellos, y a la competencia mandada por Scott. Él mandaba a sus lacayos a cada portal de las viviendas con mejores vistas para que pidieran dinero. En muchas ocasiones eran expulsados por la policía o les daban dinero porque les temían al no marcharse de sus portales. También los mandaba a supermercados, centros comerciales o restaurantes.

Alguna vez que otra he recibido palizas por negarme a repartir con Cicatrices lo que he recaudado en el día, lo cual tampoco suele ser mucho. La última vez terminé con un brazo roto y Alex terminó por colocármelo. Cicatrices los tenía tan convencidos de que era un bien mayor, cuando en realidad era la destrucción de todo lo que tocaba.

Katrina y yo no hemos sucumbido a todas las promesas que hace ni a los regalos que da, porque solo te devoran por dentro. Parte del dinero que recaudo es para poder obtener alimentos y la otra parte está escondida en una cajita que pasa desapercibida, ya que el valor en sí está dentro: nada menos que doscientos euros.

Pienso llevarme a Katrina de este lugar tan odioso. No quiero que termine por atraparla este mundo de oscuridad que envuelve a quien entra en él. Por otro lado, sé que Alex no quiere salir de aquí, después de todas las conversaciones que hemos tenido, pero no permitiré que él, ni Cicatrices, rompan la vida de Katrina, cueste lo que me cueste.

Ninguno de los dos sabe nada de este plan. No quiero preocupar a Katrina ni tampoco que Alex sea capaz de coger ese dinero para sus vicios incontrolables. Quiero a Alex como a Katrina, pero no he llegado a fiarme del todo de él. Creo que tiene un mal oscuro encerrado dentro o, a lo mejor, son paranoias mías, quién sabe.

Una familia salía del restaurante. Parecía tener bastante dinero, aparte de tener un coche enorme. Podía apreciar que el padre tenía un reloj de oro; de la madre colgaba un collar de diamantes en el que podías verte reflejado. Iban acompañados de dos niñas y un niño. Parecía una familia feliz.

Al pasar a mi lado podía escuchar cómo comentaban:

—Papá, mamá, ese chico no tiene familia. Está muy sucio, mamá. ¿Nadie le quiere?

La respuesta de los padres era tan simple como la de cualquiera de esas personas que no veían más allá de sí mismos:

—No os acerquéis a él. La gente como ese chico no tiene buenas vibraciones.

No digo que todas las personas sean malvadas o no tengan corazón, pero la mayoría de ese tipo de clase lo son, o al menos es lo que me han demostrado.

—Hola, chico, ¿estás bien? —me preguntó una de las niñas.

—Sí… —contesté con timidez.

—Toma, esto es para ti. Cuídate mucho —dijo con una sonrisa.

—Gra… gracias. Hasta luego —le respondí con vergüenza, mientras se alejaba con una pequeña carrera.

Era una servilleta hecha una pelota. Parecía una bola de nieve, pero esta bola contenía algo dentro. La verdad es que olía demasiado bien y, cómo no… ¡mmm!, qué rico. Eran cachitos de pollo y se podía apreciar que estaban bastante tiernos por dentro. Hacía mucho tiempo que no sentía un olor tan rico.

Han pasado varias horas desde que estoy aquí y solo he conseguido seis euros, y tengo mucha hambre, pero guardaré este poco de pollo para compartir con Katrina y Alex. Empieza a anochecer. Debería volver con los demás; me estarán esperando. Voy a empezar a recoger y me marcharé.

Espera un momento… ¿dónde está el gorro con el dinero? Ha desaparecido. No puede ser.

—¿Buscabas esto, chico? —dijo un joven, algo menor que Alex, pensé.

—Devuélvemelo, es mío. No te pertenece.

—Esto no te pertenece, muchacho. Esto es de Cicatrices y ya deberías saberlo —habló con tono amenazador.

Como era de esperar, era raro que no apareciera ninguno de los lacayos de Cicatrices. Nunca había visto a este chico. Era bastante grande y tenía la sensación de que había estado en bastantes peleas. Estaba más que harto de que intentaran quitarme mis posesiones, pero esta vez no iban a salirse con la suya.

—Devuélvemelo y sigue con la lengua metida en el culo de tu amo, rata de cloaca —arremetí con voz firme.

—¿Qué has dicho, estúpido mocoso? —dijo acercándose poco a poco.

Era mi oportunidad de arrancarle la gorra de las manos y salir corriendo.

—¡Suéltalo, rata!

Le propiné un puñetazo en el estómago, cogí la gorra y salí corriendo.

He de llegar con los demás. Mierda, me está persiguiendo y cada vez más rápido. Mientras corría, esquivando a las personas que se me cruzaban por el camino, se me iba cayendo alguna moneda. Tengo que esconderme y asegurarlas.

Avisté una tienda de antigüedades donde me escondí un momento. Me quité el zapato, seguido del calcetín, donde metí todo el dinero y le hice un fuerte nudo para que no se me escapara ninguna moneda, dejando el calcetín escondido detrás del callejón de la tienda de antigüedades.

Asomé un poco la cabeza para mirar si ese chico me seguía persiguiendo y, efectivamente, así era. Estaba enfrente de mi camino, parado en una farola, observando cada parte de la calle para ver si me encontraba, pero no me iba a dejar atrapar.

Agarré una piedra y la lancé cerca suyo como modo de distracción. Era el momento de retomar mi camino y seguir corriendo. Funcionó, pero me vio y salió tras de mí como alma que lleva el diablo. Estaba a pocos minutos de llegar a encontrarme con Katrina y Alex.

Ahí está Katrina, tengo que llegar hasta ella. Me queda poco como para rendirme ahora.

—¡Katrina, Katrina! Corre, viene tras de mí —dije con voz fatigada.

—Hola, Hayden, ¿quién viene tras de ti? ¿Qué ocurre? —dijo sorprendida.

—Te he dicho que corr… —Caí desplomado contra el suelo. Pude notar cómo la rodilla izquierda se golpeaba duramente contra el suelo.

—¡Dios mío, Hayden! ¿Estás bien? —escuché cómo gritaba mientras corría hacia mí, pero iba a ser demasiado tarde.

—Así que te llamas Hayden, eh, muchacho. Tranquilo, no lo olvidaré. Y ahora dame el dinero.

Aquel chico me agarró tan fuerte del cuello que me estaba ahogando. Los ojos se me cerraban y no podía respirar. Estaba a punto de desmayarme hasta que se escuchó una botella romperse después de haber golpeado con algo duro.

El joven comenzó a sangrar de la cabeza y los chorros caían sobre mi cara. Estaba caliente y daba asco. Lo aparté de encima de mí y me arrastré hacia la dirección por donde venía Katrina. Había alguien detrás del joven. Veía una silueta negra, algo borrosa. Aún estaba dolorido por el ahogamiento, pero entonces lo vi claro.

—Oye, renacuajo, ¿estás bien? —dijo Alex con preocupación.

—Alex, has llegado —dijo Katrina con entusiasmo.

—Tú, como te llames, aléjate de mis amigos y no vuelvas por aquí.

—Ya nos veremos, Hayden. Mejor dicho, nos volveremos a ver —clavó la mirada en todos sin pestañear, mientras la sangre seguía chorreando sin parar, debido a una raja en la cabeza que se podía apreciar.

Ya tenía fuerzas para incorporarme, así que me puse de pie. Empecé a sacudirme la suciedad que llevaba encima, más de lo habitual, excepto las manchas de sangre: lo único que estaba consiguiendo era extenderlas mucho más.

Después de lo ocurrido, Alex se acercaba a mí con una mueca de chulería, más bien de que, una vez más, había tenido que salvarme de otra pelea.

—Alex, ¿podrías apartar esa cara de chulería que tienes pintada? Es algo odiosa, ¿lo sabías?

—Te acaba de salvar la vida, Hayden —dijo Katrina con una mueca.

—Sí, lo sé. ¿Podríamos seguir con la parte de la fiesta? Deseo que termine este día nefasto de una vez por todas.

—Como usted diga, renacuajo —dijo Alex con una sonrisa pícara, mientras se reía.

—Gracias, señor Future —le devolví la sonrisa alzando el dedo gordo.

Entonces Alex comenzó a perseguirme, seguramente para darme un pequeño golpecito en la cabeza por hablarle con ironía. Podía ser más grande que yo, pero yo era mucho más rápido.

Llegada la noche, nos abrigamos como pudimos y nos sentamos alrededor de un cubo en el que habíamos preparado un pequeño fuego para calentarnos. Comenzamos a cenar. De primero, cómo no, teníamos unas ricas alubias envasadas y, de segundo, teníamos pollo. Sí, aún conservaba los trocitos que esa niña me dio, antes de todo el jaleo que se formó.

Esta era la mejor parte del día, cuando nos juntábamos los tres para poder descansar, reírnos un rato y contarnos cómo nos fue el día. No sé qué es tener una familia corriente, pero lo que está claro es que ellos son mi familia.

Todo estaba yendo como la seda, hasta pasados unos minutos.

—Bueno, es hora de darte tu regalo de cumpleaños —hablaron a la vez Alex y Katrina.

—De acuerdo, ¿qué es? —dije con algo de vergüenza.

—Cierra los ojos —dijo Katrina con esa voz tan dulce.

Pero entonces pasaron dos minutos y no se escuchaba nada, solamente el viento chocando con las vallas del callejón, así que decidí abrir los ojos, pero la verdad es que habría preferido seguir teniéndolos cerrados.

Katrina sujetaba una tarta de queso, pero su cuello estaba rodeado por un cuchillo que sujetaba nada menos que Cicatrices. Alex estaba con un pañuelo en la boca, rendido en el suelo, mirándome a los ojos mientras gritaba. Podía entender que quería que lo soltaran.

Trasladé la mirada a Katrina, donde podía ver cómo las lágrimas caían y un miedo terrible se mostraba en esos ojos cálidos. Entonces, el cuchillo que rodeaba su cuello acabó por señalarme a mí.

—Vaya, vaya… pero mirad a quiénes tenemos aquí, a la panda del patio —dijo Cicatrices, mientras sus tres lacayos se reían. Pude apreciar que uno de ellos era el muchacho que recibió el botellazo.

—Suéltalos ahora mismo —dije con voz temblorosa.

—Claro que sí, muchacho. No sabía que eras tú quien mandaba aquí. Toma, aquí tienes a la sucia de tu amiga.

Entonces Katrina salió disparada hacia mí de un empujón.

—¿Katrina, estás bien? Me las pagarás, maldito —dije con odio.

—Tú no vas a hacer nada, muchacho. Es más, te voy a explicar qué va a pasar. Primero, estamos en un cumpleaños, ¿verdad? Pues mira, te voy a dar un regalo. Y segundo, vas a soplar las velas. Si no, no se te cumplirán los deseos, y tienes pinta de tenerlos, chico. Sujetadle bien y que no se mueva —mandó la orden a sus secuaces.

Uno de ellos me agarró por la espalda, el otro me dio un puñetazo en la mandíbula y un golpe en las costillas. Caí de rodillas al suelo. Me ataron las manos con una cuerda, me quitaron la camiseta y me dejaron de rodillas. Entonces Cicatrices sacó una navaja de su bolsillo, la cual tenía un león grabado y parecía que estaba rugiendo; en este caso, parecía que quería mi sangre.

Entonces Cicatrices hincó la rodilla. Con una mano me agarró del cuello y, lentamente, acercaba su navaja a mi pecho desnudo.

—Esto es lo que pasa cuando decides enfrentarte a mí, muchacho, y te haré este regalo para que no lo olvides jamás.

Entonces Cicatrices clavó su navaja en mi pecho, donde me dejó marcado el día de hoy, el cual era 14/05/2011. No podía soportar este dolor. Me quemaba por dentro. Era como si el mismísimo infierno estuviera posado sobre mí.

—Y ahora, sopla las velas, muchacho —dijo con una sonrisa diabólica.

—He dicho que las soples.

Me dio un tortazo en la cara, el cual me hizo soplar las velas.

—Ahora ya sabéis lo que ocurre si os enfrentáis a mí. Nos volveremos a ver —dijo con una mirada penetrante.

Debido al dolor que sentía, caí rendido al suelo. Pude ver cómo Katrina intentaba desatarme. Después de hacerlo, fue hacia Alex a quitarle el pañuelo que tenía dentro de la boca, pero cuando vi que venían hacia mí, perdí el conocimiento y me desmayé.

Capítulo 3: Despertar

A lo lejos podía apreciar cómo una mujer caminaba junto a un niño, cerca de lo que parecía ser un lago. No podía ver bien quiénes eran, ya que iban por delante de mí. La mujer era alta, de cabello largo color castaño, con un vestido azul; era como mirar al mar. Se agachó para mirar al niño y una mano fue llevada hasta el rostro del pequeño, al que le dio un tirón de mofletes. Los dos comenzaron a reír. Comprendí que podría tratarse de una madre con su hijo y, entonces, se quedaron en silencio.

Noté que la mujer se había percatado de que la estaban observando. De perfil pude apreciar cómo una sonrisa quedaba marcada en su rostro. Lentamente giraba su cabeza hacia mí. En ese momento, esos ojos azules como el mar me dispararon tan fuerte que me paralizaron el cuerpo. Era mi madre.

Ninguno de los dos hizo el amago de acercarse. Ella se mantenía firme con su sonrisa. Mientras tanto, todo mi cuerpo comenzó a temblar y no sabía qué paso debía tomar en ese momento. Pronunció mi nombre y creí que me hablaba un ángel, pero entonces todo se quedó a oscuras. Era como si hubiera ocurrido un apagón y la oscuridad pudiera tocarte.

Y se hizo la luz. Una luz que marcaría el resto de mi existencia.

Comencé a dar vueltas con la cabeza para ver dónde me encontraba. Como podía imaginar, estaba en la cocina de mi antigua casa. Sentada en la mesa se encontraba mi madre, pelando unas verduras; supongo que para hacer ese puré calentito que tanto me gustaba. Alguien apareció en escena balbuceando sin parar. Era mi padre. De costumbre, rebosaba una peste a alcohol y los gritos chocaban con las paredes, aparte de con él mismo.

Mi madre seguía pelando sin parar, sin apartar la mirada, mientras aquel borracho descontrolado no hacía más que insultarla. Ella dejó el cuchillo al lado de su mano derecha, alzó la mirada hasta donde me encontraba y pronunció:

—Vuela, pajarito.

Así es como ella solía llamarme.

Mi padre agarró el cuchillo después de que ella me hablara. Entonces él me miró y abrió la boca:

—Cobarde, mírate ahí, parado sin mover un dedo. Abre bien los ojos y disfruta del espectáculo —dijo con gracia.

Entonces le rajó el cuello.

—¡Mamá! —grité mientras corría hacia ella, y en ese momento desperté.

Los ojos se me abrían y cerraban. Un dolor subía desde mi pecho hasta terminar en la parte trasera de la cabeza. Llevé mi mano izquierda hasta la frente, donde una toalla caliente estaba posada sobre ella. Entonces me erguí poco a poco, lo que el dolor en el pecho me permitía moverme, desubicado de dónde me encontraba.

Avisté que estaba encima de una camilla. La sala estaba llena de equipamiento médico. No parecía un hospital, más bien una chabola. Se encontraba vacía, excepto por mí y este santo picor que llevo en el pecho. Tenía frío, ya que estaba en ropa interior, pero cerca de la camilla había una cesta con mi ropa.

A punto de ponerme la camiseta, Katrina entró por la puerta con un ramo de flores. En el momento en que me vio, se le cayeron al suelo y salió a toda prisa hacia mí. Me abrazó muy fuerte y me costaba respirar. Notaba cómo las lágrimas caían por su mejilla y rozaban las mías. Tenía la mirada puesta en el suelo, como si no se atreviera a mirarme.

—Eh, eh, tranquila, estoy bien. No te preocupes por mí. ¿Cuánto tiempo he dormido? —le dije con tono dolorido.

—Calla, tonto. Incluso después de semejante paliza no cambias. Llevas dos semanas en la cama. Hemos estado cuidando de ti.

El abrazo era mucho más fuerte. Podía notar su miedo.

—¿Dónde está Alex? Tengo que hablar con él, más bien tengo que hablar con los dos —hablé con tono serio, mirándola fijamente a los ojos.

—Ha salido a buscar medicinas para tus heridas. No tardará en volver. Podrías ponerte la camiseta, vas a coger frío. Hayden, ¿podrías decirme qué es lo que está pasando? —dijo con tono preocupado.

—Cuando estemos los tres reunidos hablaremos. Ahora, si no te importa, me gustaría estar a solas.

Katrina salió de la sala con cara desconcertada, pero aún no podía decirle nada hasta que Alex no volviera. Me acerqué a un espejo para ver mi rostro y el pecho desnudo. La marca que me dejó Cicatrices tenía un tono rojizo; sería por el quemado del cuchillo.

Bueno, es hora de vestirse y de salir a buscar el dinero que escondí durante la persecución antes de que vuelvan, ya que en mi estado no me dejarían salir, así que vamos a ello. Por la puerta no podría escapar, ya que Katrina estaría al acecho. Voy a mirar por la esquina de la ventana.

Je, je, je… mírala, ahí está, dando vueltas enfrente de la puerta, de un lado a otro, como un pajarito. Clavé la mirada en el suelo, propinando un puñetazo a la pared. Katrina se dio cuenta y miró hacia la ventana. Tuve que sentarme en el suelo para que no me viera.

Volví a asomarme para ver qué hacía, pero seguía dando vueltas. Entonces, ¿por dónde podría escapar? ¿Por la ventana? No, porque me pillaría al instante. ¿Y si escapara por la chimenea? Tampoco sería posible, ya que me vería como un gato por el tejado.

Mmm… ¿pero y si, en vez de escapar como un gato, escapara como una rata? Tiene que haber algún agujero en esta chabola derruida. Esos ladrillos de la pared que quedan en la parte de atrás tienen pinta de ser la salida. Tenía que quitarlos despacio, sin hacer ruido, para que ese pajarito no se alertara y viniera a molestarme. Perfecto, ahora es hora de salir.

Como una ratita silenciosa escapé por el agujero. Fue algo difícil, ya que el dolor me incitaba a gritar, pero me mordí la lengua para que no pasara. Costaba arrastrarse con esa herida en el pecho.

Tenía que volver a la tienda de antigüedades cuanto antes. Espero que nadie haya encontrado el calcetín con las monedas. He de tener cuidado en el trayecto con los lacayos de Cicatrices. Ya quedaba poco para llegar a la tienda, pero, como me imaginaba, los lacayos de Cicatrices rondaban la zona. Seguramente ese imbécil le dijo a Cicatrices que podía haber escondido el dinero cerca de aquí.

Tendré que jugar bien mis cartas, aunque la verdad es que tengo muy pocas. Está bien, es hora de idear un plan. Veo a uno apostado en la farola, mirando hacia el lado contrario de la tienda. El otro se encuentra sentado en un banco cerca de mí, disimuladamente, cuando en verdad está vigilando. Y, cómo no, queda ese imbécil en el portal de la tienda.

Hay bastantes coches aparcados. Podría moverme entre ellos para usarlos como muro, para que no puedan tener campo de visión hacia mí. Debería moverme rápido y, si veo que las cosas se van a torcer, entonces tendría que retroceder y dejarlo para otro momento. Pero, a este paso, Cicatrices seguirá haciendo con nosotros lo que quiera hasta que alguno acabe muerto.

El más cercano a mí parece distraído. Llegó el momento.

Salí de la esquina, veloz, hacia un coche que tenía al lado derecho. Me agaché y esquivé al primero. Ahora me quedan dos. El que está apostado en la farola parece inmóvil, pero seguro que está atento. Lancé una piedra cerca de él y se giró rápidamente hacia donde procedía el ruido. El problema es que también se había alarmado el que está apostado en la tienda de antigüedades. Lo bueno era que ya había cruzado hasta el siguiente coche.

Ahora toca la parte más difícil: ¿cómo me voy a librar de él después del numerito de la piedra, ya que ahora está más atento? Está tan cerca el callejón que podría salir corriendo y sería a cara o cruz: me pilla o no me pilla. Piensa un momento… ¿qué están viendo mis ojos?

Se le ha acercado una prostituta. Esta podía ser la clave para poder avanzar. Todo está en si le hace caso o no, pero veo que la cosa está cuajando, así que ahora es el momento de seguir. Perfecto, he conseguido cruzar.

Ahora me toca buscar el calcetín. Mmm… ¿dónde lo habría dejado? Agg, me duele la cabeza. Miraba de lado a lado, pero no recordaba dónde. Entonces una rata salió corriendo hacia un agujero. Fui tras ella y me agaché para ver qué es lo que había dentro y, efectivamente, ahí se encontraba el calcetín, algo mordisqueado, pero con el dinero dentro.

Para poder sacar a la rata que se encontraba ahí y que no acabara por morderme la mano entera, que ya era lo que me faltaba, encontré algo de comida y la tiré detrás de uno de los contenedores que se encontraban en el callejón. Se la ofrecí como un cambio de moneda, a ver si así funcionaba. En el momento en que salió disparada hacia la comida, aproveché para coger el calcetín y, por suerte, estaba todo el dinero que obtuve en su día.

Un momento… ¿qué ha sido ese ruido?

Asomé la cabeza por encima del contenedor para ver qué estaba pasando y ahí estaba él: el lacayo de Cicatrices, con la prostituta, dándose el lote contra la pared. Bueno, es algo que no me incumbe. Era mi momento de regresar con Katrina y Alex.

Espera… ¿qué son esos gritos?

Antes de salir por detrás del callejón, me giré de nuevo para ver qué pasaba ahora. La chica estaba tirada en el suelo y el lacayo encima de ella, sujetándole los brazos. Ella no paraba de gritar y el otro empezó a pegarla y a manosearla. Tenía que irme de ahí, pero mi cuerpo no se movía.

Había una botella de cristal rota cerca de mí. Me acerqué a por ella sin que me viera y, sigilosamente, me aposté detrás de él. Con la botella en la mano derecha, apretándola sin soltarla, se la clavé por el filo del cristal en el cuello, una vez tras otra, sin parar.

Entonces cayó rendido al suelo y yo me quedé paralizado, mirando mis manos ensangrentadas, sin saber qué es lo que acababa de ocurrir. La chica dejó de gritar. Alcé la vista para mirarla con los ojos bien abiertos y pude ver que sería un poco más mayor que Alex, al igual que el miedo en su rostro y cómo le había manchado la ropa de sangre. Volví a mirarme las manos y murmuré qué había hecho.

—Oye, chico, ¿estás bien? Muchas gracias, me has salvado la vida —dijo asustada.

Yo todavía no podía moverme del sitio. Se acercó a mí, se inclinó y, con la mano derecha, me levantó la barbilla para que la mirara.

—Quiero que cierres los ojos y respires muy despacio.

Su tono había cambiado, de ser intranquilo a relajado, y así consiguió que me tranquilizara.

—Ahora quiero que abras los ojos muy despacio —habló con tono suave.

Tenía unos ojos preciosos, de color morado oscuro, algo que nunca había visto; un rostro atractivo, aunque con varias marcas, y una voz tranquila. Llevé la mirada hacia las manos y vi que las había limpiado con parte de la ropa del lacayo caído.

—Me llamo Marta. ¿Cómo te llamas, chico?

—Mi nombre es Hayden, encantado de conocerte —respondí temblorosamente, pero ella sonrió.

—Qué guapo eres, mi salvador, Hayden. De verdad, de no ser por ti, estaría ya en el otro lado, aunque no sé si sería mejor que este. Aun así, de nuevo te doy las gracias. Pero deberíamos esconder el cadáver antes de que empiecen a buscarlo. Podríamos meterlo en ese contenedor.

—¿Qué decías? Sí, tienes razón. Metámoslo dentro antes de que vengan en su busca.

Lo cogimos de las piernas y lo arrastramos hasta el contenedor. Una vez ahí, lo abrimos y entre los dos lo metimos dentro. Espero que las ratas se lo coman, porque tarde o temprano Cicatrices saldrá en su busca y, para entonces, esperemos estar lejos, ya que sospechará seguramente de mí.

—Bueno, Hayden, es hora de despedirnos. Espero que volvamos a vernos.

Se acercó a mí despacio y me dio un beso en la mejilla izquierda. Se notaba tan cálido en sus labios que creo que me sonrojé.

—Lo… lo mismo digo. Cuídate —respondí con vergüenza, mientras se alejaba a paso rápido por el callejón. Yo debería hacer lo mismo.

Con el calcetín en la mano salí corriendo del callejón por la parte de atrás, camuflándome entre los coches hasta llegar a mi destino. Al cruzar la esquina pude comprobar que los lacayos seguían en sus puestos, sin percatarse de nada. Seguirían pensando que aquel imbécil estaría aún con la chica. En fin, mejor que sea así.

Bueno, ahora tengo que entrar sin que Katrina me pille. Dudo mucho que haya entrado; ella sabe que cuando quiero estar solo no quiero que nadie se me acerque, así que ha sido pan comido salir y entrar, quitando a la persona que he matado, que no era persona ni nada, sino más bien un animal, así que, por una parte, estoy más tranquilo.

Mmm… qué raro, parece que no veo a nadie cerca de la chabola. Bueno, entremos por el agujero de antes. Otra vez escucho ruidos. No será nada, sigamos adelante. Bien, ya estamos dentro. A colocar los ladrillos y aquí no ha pasado nada.

Entonces, cuando coloqué todo en su sitio, había una sombra en una esquina, de la cual se podía escuchar una respiración intensa y acelerada. Pensándolo mejor, sí me habían pillado, porque de esa sombra alguien salió de ella, soplando hacia mí. Y, cómo no, era Katrina. Me había cazado.

No estaba preparado ahora mismo para aguantar broncas ni cualquier cosa de ese tipo, pero ella no lo iba a dejar estar, así que cuanto antes acabe esta tortura, mejor.

—¡Hayden! Enano cabezota, ¿pensabas que ibas a poder engañarme? Pienso golpearte, ya que veo que no te duele tanto el cuerpo como parece. Aunque, un momento… ¿por qué vas manchado de sangre otra vez? Vas a conseguir que te maten o, más bien, que nos maten.

—¿Quieres dejar de ser tan pesada? No es el momento de que te enfades. Ya sé que te encantaría pegarme, pero lo vamos a tener que dejar para otro momento. Y ahora, si eres tan amable, dile a Alex que venga de una santa vez o iré yo mismo a por él. No quisiera ahora mismo tener problemas.

Capítulo 4: Provisiones

El tiempo es crucial. Tenemos un par de horas para poder irnos de este lugar inhumano. Para ello, deberemos recoger todas las provisiones posibles para poder comenzar nuestro viaje lejos de Cicatrices. Espero que Alex no ponga ningún problema después de lo que presenció y de que sabe de lo que el enemigo es capaz cuando se enfurece.

Por otro lado, aún no tengo claro cuál va a ser nuestro destino, pero seguro que será mejor que sentir, cada día, que puedes morir a manos de esos animales en vez de hacerlo de una forma normal.

Agaché la mirada hacia mis manos temblorosas, y no por el miedo al porvenir, sino porque había matado. Perdí el control de mis emociones. Me recordaba al momento de la muerte de mi madre. ¿Qué debería haber hecho? ¿Ver cómo moría esa chica? ¿Y si no moría, pero terminaba de una forma aún peor? Jamás me lo perdonaría, así que no tendré remordimientos por ello.

Encontrarán el cuerpo tarde o temprano y no será la policía quien se encargue de la investigación. Para ellos no somos más que la peste que necesita ser erradicada. Así pues, piensan que les hacemos un favor cuando alguno de nosotros muere o desaparece. No les hemos importado y jamás les importaremos. Aún no he perdido la esperanza de que algún día alguien termine con el mal que se cierne sobre esta ciudad.

Al mirar por la ventana, lo único que puedo ver es dolor, pobreza, sufrimiento, drogas, sexo, hambruna y muerte. Pensar que no puedo hacer nada para cambiar esto hace que me duela más el pecho que la marca que me dejó Scott.

Di un puñetazo con la mano derecha contra la pared y sentí cómo unas lágrimas cargadas de rabia caían por unas mejillas enfurecidas. La sangre brotaba por mis nudillos, como cuando el río se lleva todo aquello que ya no desea que siga permaneciendo aquí. Entonces giré la cabeza para ver cómo caía la sangre y se me ocurrió una idea de cómo poder escapar de aquí. Ya lo tengo.

Unos pasos se acercaban poco a poco hacia la puerta. Agarré un hierro que servía para desatascar la chimenea y me aposté detrás de la puerta, manteniéndolo con las dos manos, con fuerza, para sorprender a quien entrara.

Sonó el chirrido de la puerta al abrirse y vi cómo una sombra grande entraba por ella.

—¡Ahora verás! —grité como alma que lleva el diablo, lanzando un golpe hacia esa sombra sin mirar bien quién era.

Entonces una mano se alzó en el aire para parar el golpe, cogiendo el hierro por el medio. Me percaté de que no era ningún enemigo, sino Alex, con un rostro sorprendido por el ataque que le había dado. Por su expresión estaba tan asombrado como yo.

—¿Se puede saber qué demonios haces? Un poco más y podías haberme roto la cara, y te aseguro que te habría salido más caro que un golpecito en la cabeza, Hayden.

Fijé la mirada en el hierro y se me vino a la cabeza la escena de cuando rajé a ese chico por el cuello.

—Hayden, te estoy hablando, despierta.

Moví la cabeza de un lado a otro y me di cuenta de que Alex me estaba zarandeando como si fuera un muñeco.

—Alex, tenemos que marcharnos de aquí y no nos queda tiempo.

—¿Cómo dices? —preguntó con el ceño fruncido.

—Antes de que me interrumpas, déjame contarte lo ocurrido. El día de mi cumpleaños escondí un calcetín con dinero que estaba guardando para que podamos marcharnos de aquí. Uno de los secuaces de Scott sospechaba de mí y fue cuando comenzó a perseguirme. He de decirte que ha muerto. Más bien, he tenido que matarlo. No me quedó más opción, ya que estaba a punto de hacerle algo horrible a una chica de compañía. Escondimos el cuerpo en un contenedor, en el callejón detrás de la tienda de antigüedades.

Pude notar la sorpresa en los ojos de Alex.

—¿Qué me estás diciendo? ¿Que todo esto ha sido porque quieres marcharte de este lugar? ¿Por qué fuiste a ese callejón? ¿Te das cuenta de la posición en la que nos has expuesto a todos? Está claro que Cicatrices no va a dejar correr esto.

—Fui a ese callejón porque tenía el dinero escondido allí. Alex, no tenemos futuro en este lugar. Sé que estás obsesionado con quedarte el puesto de Scott, pero no permitiré que nos arrastres a mí y a Katrina con tu deseo. Por favor, te pido que recapacites y vengas con nosotros.

Se hizo un silencio tan profundo que se notaba el viento chocando contra las ventanas rotas del chamizo en el que nos encontrábamos.

—¿Katrina sabe algo de esto? ¿Desde cuándo tienes dinero escondido? ¿Crees que con cinco euros podremos largarnos a una nueva vida?

—Katrina no sabe nada al respecto. Primero quería consultarlo contigo, pero ya no es una consulta: es un hecho. Tenemos que huir cuanto antes. Tengo ahorrados doscientos euros, que nos pueden ayudar a sobrevivir unos días, pero tenemos que buscar provisiones antes de marcharnos. Te lo ruego: deja atrás esa aspiración y ven con nosotros. Hemos permanecido juntos y así ha de ser.

Comenzó a dar vueltas de un lado a otro. Me resultó raro, ya que le temblaban las manos y respiraba muy rápido, algo que antes nunca le había pasado. Pero noté algo extraño en su mirada: una frialdad mayor de la habitual.

—Está bien, Hayden. Tú ganas. Iremos a buscar suministros y después nos marcharemos. Espero que tengas un plan.

—Lo tengo. Una cosa más: por el momento no le contemos nada a Katrina. No quiero que se ponga más nerviosa de lo que ya está. Te contaré los detalles por el camino. Pongámonos en marcha.

—De acuerdo.

Decididos a ir en busca de suministros, lo único que nos faltaba era un saco para guardar todo lo que recolectáramos. Así que fui a buscar el saco que utilizaba a veces como cama, para no sentir el frío ni el pinchazo de las piedras del suelo.

Al salir por la puerta miré a un lado y a otro, por si Katrina estaba espiando la conversación con Alex, pero no vi nada. Avisté el saco y, cuando me agaché para cogerlo, escuché una vocecita en mi oído. Estaba claro de quién se trataba. Ahora tendría que inventarme alguna excusa.

—¿Se puede saber adónde vais los dos con tanto secretismo en vuestras caras? —preguntó con tono de sospecha.

—Que te lo explique aquí nuestro amigo el misterioso —respondió Alex con tono burlón.

Pude notar que la idea de marcharnos, junto a los acontecimientos que le conté, no le sentaron bien. No tengo tiempo para estar detrás de las quejas de Alex. Bastante he tenido que aguantar esos momentos en los que no sabía ni dónde se encontraba por culpa de los vicios a los que está enganchado.

Una de las cosas más importantes de este viaje sería que fuera capaz de dejar esos males que le consumen y le hacen convertirse en otra persona. Pienso que alejarnos sería una gran ayuda para él y para su mente.

No hace mucho tiempo estuvo dos noches sin aparecer, porque Scott, después de pagarle por un encargo, tuvo la gran idea de invitarle a un poco de ese negocio que se traen entre manos; mejor dicho, se lo metió por cada orificio de la nariz. Apareció tirado, con la ropa rasgada, en un charco de agua debido a la gran tormenta que hubo. Pasó una semana enfermo, con fiebre y una tos provocada por el frío que cogió. Un poco más y no lo cuenta.

Por más conversaciones que he tenido con él, no han servido de nada, ya que para él soy un mocoso que no debería meterse en sus asuntos, pero sé más de lo que se imagina.

—Tenemos unos recados que hacer y no tenemos tiempo para darte explicaciones.

No sonó bien.

—Oye, podrías hablarme mejor, que te he estado cuidando amablemente mientras estabas hecho un trapo —respondió enfadada, girándose para marcharse.

—Deja que se vaya —dijo Alex con un bostezo, llevándose las manos detrás de la cabeza.

—Espera.

Le agarré la mano izquierda. Se sorprendió.

—A nuestro regreso te prometo que te contaré todo. Solo te pido que tengas preparado lo que necesites.

—¿Lo que necesite? —preguntó con tono preocupado.

—Sí. Hazme caso por una vez. Te prometo que volveré por ti.

Me acerqué a ella despacio, la miré a los ojos y le di un beso en la frente. Se quedó paralizada, con los ojos como platos. Noté cómo sus mejillas se le enrojecían como una puesta de sol. Tengo que sacarla de este lugar y no descansaré hasta conseguirlo.

Miré a Alex de reojo y le hice una señal para partir. Comenzamos a andar a paso ligero. Miré hacia atrás y vi a Katrina mirando al suelo. Luego levantó la mirada y clavó sus ojos en mí. Aprecié tristeza, pero también algo de alegría, y una media sonrisa se dibujó en su rostro.

Alex y yo comenzamos a caminar por las calles, escondiéndonos entre la multitud para camuflarnos y no ser vistos, mientras íbamos ojeando qué podíamos coger del suelo o de donde fuera, aunque tuviéramos que robar a plena luz del día.

Nos dirigíamos hacia la zona más adinerada, situada a las afueras del barrio de Skid Row. Nos adentramos en el barrio de Yela, una zona en la que la gente de nuestro estatus no era bien recibida.

—¿Cuál es tu plan? —escuché que preguntaba Alex.

—Mi idea es que recolectemos los suministros necesarios y escapemos por el canal del viejo puente del Coyote, como la sangre que resbala siguiendo el curso del río. A medianoche estará todo despejado. A pesar del temporal, a esas horas no habrá cucarachas merodeando por allí. Hay un viejo bote amarrado debajo del puente, escondido entre unas ramas. Si todo sale según lo previsto, en pocas horas estaremos a las afueras de la ciudad y no podrán encontrarnos.

—Ya… veo que lo tenías todo pensado. Al parecer llevas tiempo planeando esto —dijo con tono inseguro.

—Sé que no os he informado de nada, pero ya tendremos ocasión de hablarlo en otro momento. Ahora debemos permanecer concentrados. Observa esa casa: tiene una ventana abierta por la parte trasera del jardín. No veo luces dentro ni ningún coche aparcado fuera.

Era una casa grande, de color blanco, de dos plantas, con un césped bien cortado en la parte delantera y un jardín cuidado en la parte trasera. Tenía toda la pinta de pertenecer a gente adinerada. Creo que encontramos un buen objetivo.

Esperamos media hora para que oscureciera un poco y entonces pasamos a la acción. Nos colocamos delante de la ventana. Entró primero Alex y, al hacerlo, me tendió la mano para ayudarme a subir.

Nos agachamos y comenzamos a registrar la casa, al menos la planta de abajo. No estábamos seguros de que estuviera vacía. Un olor delicioso salía de la cocina. Nos dirigimos por el pasillo, mirando a ambos lados. Vimos un salón enorme, unas escaleras marrones que llevaban a la planta superior y un baño que brillaba como los primeros rayos del sol. Todo aquello estaba fuera de nuestro alcance.

En el salón había una foto enmarcada donde aparecían una chica y una señora mayor, aunque con la oscuridad no pude distinguirlas bien.

Llegamos a la cocina siguiendo el olor y nos quedamos petrificados. Había tanta comida que podríamos aguantar meses.

—Hayden, ¿estás viendo lo mismo que yo? —la voz entrecortada de Alex llegó a mis oídos.

—Sí. Coge todo lo que puedas, en silencio, y métteo en el saco. Solo lo esencial.

Mientras Alex llenaba el saco, yo me quedé apostado en la puerta vigilando. Entonces me di cuenta, por el reflejo del cristal, de que se estaba guardando una pluma de oro en el bolsillo.

—Te dije que solo cogieras lo esencial: alimentos para aguantar un tiempo.

Le fruncí el ceño.

—Esto lo podemos vender.

—¿Crees que alguien compraría eso a unos vagabundos como nosotros?

—Seguro que le puedo sacar unas monedas a Cicatrices.

Se llevó la mano a la boca.

—¿Me estás diciendo que después de esto volverás con Scott? ¿Me has estado utilizando?

Se hizo un silencio. Tras medio minuto, Alex se abalanzó sobre mí para quitarme el dinero. Forcejeamos. Caí al suelo y se colocó encima, tapándome la boca para que no pudiera respirar.

—Lo siento, Hayden, pero Scott me ofreció un trato. Ser su mano derecha si conseguía los suministros y el dinero. Después acabaría con él y ganaríamos todos.

—Eres un traidor de mierda.

No podía vocalizar bien.

Vi un trofeo sobre un mueble. Lo agarré y le golpeé la cabeza con él. Conseguí quitármelo de encima y respirar.

De repente, se encendieron las luces del piso de arriba.

—¿Quién anda ahí abajo? —dijo una voz.

Me puse de pie y miré hacia la ventana. En ese momento, el puño de Alex voló hacia mi cara. Salí despedido contra el suelo, rodando.

La visión era borrosa. Vi a Alex llegar a la ventana.

—Cuidaré de Katrina, te lo aseguro. Esto me duele más a mí que a ti, viejo amigo. Espero que algún día puedas perdonarme.

—A… Alex… espera…

No podía articular bien.

Todo giraba. Me arrastré hacia la ventana, pero ya se había ido. Me quedé boca arriba. Vi dos rostros borrosos hablando en pánico.

Y entonces, me desmayé.

Capítulo 5: Traición

Al final se está convirtiendo en tradición tener que pegarme. No podía creerlo: Alex me había traicionado. Era como un hermano para mí y la ambición pudo con él. Aun así, siempre había sentido que tenía algo malo guardado en su interior, pero esperaba estar equivocado.

¿Dónde estoy? ¿Qué hago tumbado en una cama? La verdad es que es bastante cómoda. Las paredes son de color azul, es como si estuviera viendo el cielo, claro está cuando se puede apreciar, porque siempre está lleno de contaminación y se ve oscuro, como si todas las chimeneas del barrio se pusieran de acuerdo para que el cielo no se pudiera ver claro.

Tengo un trapo mojado puesto en el ojo derecho y la verdad es que duele. Tengo que regresar pronto; a saber qué está tramando ese malnacido y, peor aún, si ha podido traicionarme, qué será lo próximo que haga con Katrina.

Veo una puerta enfrente de la cama, de color blanca. Voy a acercarme a ella lo más despacio posible para no levantar sospechas. No sé quién puede haber dentro de la casa. Bajé de la cama y me fui acercando en cuclillas. Agarré el pomo y, como era de esperar, al girarlo estaba cerrada por fuera.

Suspiré y cerré los ojos. Me senté al lado de la puerta y me abracé las piernas. Estaba desconcertado, enfadado. Sentía cómo la rabia invadía mi cuerpo, cómo se apropiaba de mis pensamientos.

Entonces decidí acercarme a una ventana que estaba a la izquierda de la cama. Se apreciaba que era una zona bastante agradable: todo era colorido, los árboles, el césped de cada casa bien cuidado, las casas brillaban a su lado, y lo que más me llamó la atención fue cómo los pájaros silbaban; se veían felices, como si estuvieran cantando.

Es hora de escapar de este sitio y de regresar a casa. Alex, pienso darte una lección en cuanto te alcance.

Intenté abrir la ventana para saltar, pero no se abría por más que la zarandeara. Entonces escuché cómo la puerta se abría lentamente detrás de mí y me di cuenta de que podía estar en graves problemas.

Corrí rápido a meterme debajo de la cama. El corazón me iba más rápido que cuando los sirvientes de Cicatrices me perseguían. Intenté aguantar la respiración mientras observaba cómo dos personas entraban en la habitación. Había una mujer y una niña, que se colocaron frente a la cama sin decir palabra, hasta que la niña habló.

—Tu pequeño ladronzuelo, ¿quieres salir de debajo de mi cama? Es más, mira cómo me la has dejado: entre la sangre y la suciedad sería más fácil prenderle fuego que tener que lavarla.

No sabía qué decir en esa situación. Tampoco me había dado cuenta de cómo estaba la cama. Es más, ¿quién demonios se pone a pensar en eso cuando estás metido en semejante problema? Estaba claro que esa niña no tiene ni idea de lo que es no tener una cama para dormir.

—No me hagas repetírtelo o te saco yo misma de ahí abajo, mocoso —dijo con un tono más enfadado.

He de admitir que es una chica valiente, pero me ha llamado mocoso y eso sí que no voy a dejarlo pasar.

—¿Se puede saber a quién llamas tú mo…? —dije tembloroso mientras salía de debajo de la cama.

No podía articular palabra. Me había quedado hipnotizado al verla. Era como si el propio fuego te estuviera mirando sin quitarte los ojos de encima. Sus ojos eran de un color marrón claro, con el pelo castaño y ondulado, una mirada desafiante pero no aterradora, agradable y segura al mismo tiempo.

Entonces vi, por el ojo bueno, cómo algo venía volando hacia mí.

—¡Ay! Me has tirado un peluche a la cara —dije con desconcierto.

—Claro, es que no sé si tienes los pies en la tierra o sigues volando en otro universo por ese golpe que llevas en la cara —dijo mientras se le escapaba una risita.

Se hizo el silencio y lancé una mirada a la mujer, que se mantenía callada al pie de la cama, observándome. Era extraño que aún no hubiera dicho nada, como si me estuviera analizando lentamente.

Eché un vistazo a la ventana y luego a ella. Vi cómo la mujer movía la cabeza de lado a lado, como diciendo: «No lo hagas, chico». Pero fui rápido a intentar escapar por la ventana y escuché un suspiro de la mujer y, otra vez, la pequeña risita de la chica.

—Madre, ¿puedo hacerlo? —le preguntó con voz maliciosa.

—Sí, adelante, hija, puedes hacerlo, pero no le hagas mucho daño —dijo la mujer con voz calmada.

¿Qué es lo que están tramando?

De pronto escuché pasos corriendo. Me giré para ver qué pasaba y, de repente, la chica se abalanzó sobre mí con un juguete, parecido a un martillo.

—¡Au, au, au! ¿Quieres parar de una santa vez? —intenté quitármela de encima, pero no podía.

—No, hasta que te estés quieto y dejes de intentar escapar. Tienes que darnos varias explicaciones si no quieres que llamemos a la policía… o mejor, que te siga dando con este martillo —decía entre risas, pero con un tono serio.

—Está bien, no voy a intentar escapar, pero quítate de encima de una vez. Bastante dolor de cabeza tengo ya como para seguir recibiendo más —dije balbuceando por los golpes.

—Genial, ya paro, mocoso. ¿Ves cómo era tan simple como estarse quieto?

Se quitó de encima y soltó el martillo.

—No me llames mocoso.

Le quité el martillo y le di un golpecito. Se me escapó una sonrisa, pero tenía que recordar que esto no era un juego.

—Oye, eso ha sido trampa. Eres un tramposo, te voy a dar… —venía hacia mí con los ojos echando chispas.

—Parad de una vez. María, al final vas a hacerle daño. Y tú, chico, siéntate en la cama. Quiero que me expliques a qué ha venido este asalto a la casa, dónde está lo que falta y quién te ha golpeado —dijo la mujer con voz amable.

Creo que debo decir la verdad. Si no, a lo mejor podría ser mucho peor. Se me han acabado las opciones de escapar. No podía quitarme de la cabeza la imagen de Alex haciéndole algo malo a Katrina. Lo que sí tengo claro es que no pienso abandonarla.

—Está bien, confesaré —dije con firmeza.

—Entré en esta casa a robar con mi compañero, que me abandonó… más bien, me traicionó. Él fue quien me pegó en la cara y se llevó lo robado. Entré en esta casa porque me pareció algo sencillo. Lo único que quería era coger comida, nada más.

Vengo de un barrio difícil, nada menos que de Skid Row. Allí la vida no es nada fácil. Vivía con mi amiga Katrina y con Alex, que fue quien me traicionó. Mi plan era recoger provisiones y escapar con ellos del barrio con el dinero que había estado recaudando durante mucho tiempo, pero él también me quitó el dinero y huyó con todo.

No tengo nada más que decir. Esta es la verdad. Si decide llamar a la policía para detenerme, lo entenderé. Total, ya no me queda nada. Solo los tenía a ellos. Tampoco tengo padres, por si estaba pensando en buscarlos. Lo dejo a su elección, señora…

—Me llamo Laura, chico. ¿Y tú cómo te llamas? —dijo con tono suave.

—Soy Hayden —dije mientras miraba a María.

Vi cómo las dos se miraban, algo extrañadas, aunque seguramente más por la situación que por mi nombre. Era de esperar que dentro de poco empezaran a sonar las sirenas y terminara donde debía acabar: en un calabozo.

—Hayden —dijo la mujer.

—Sí… —respondí con voz temblorosa.

—Te doy la bienvenida a nuestra casa. No voy a llamar a la policía. Desde ahora vivirás con nosotras. Claro está que tendrás que seguir unas normas básicas para poder tener una buena convivencia —dijo con firmeza.

—Espera, madre, no puedes hacer esto. No puede quedarse a vivir aquí —dijo María con enfado, antes de marcharse dando un portazo.

—Perdona a mi hija, no es mala persona. Solo se comporta así porque le has hecho recordar la muerte de su padre —habló con tristeza.

—¿La muerte de su padre? —pregunté exaltado.

—Sí. Perdió a su padre en Skid Row, en servicio. Era policía y perdió la vida intentando salvar a unos niños que estaban siendo maltratados por un grupo de personas al servicio de otro.

Lo dijo mirando por la ventana.

En mi cabeza pensé que podían ser los sirvientes de Cicatrices.

—Recibió una bala en el corazón y no pudo salvarse. Desde entonces, María es distinta, pero muy fuerte. Aunque no quiera saber nada de ese barrio, intento hacerle entender que no todo el mundo de allí es igual, que hay que dar oportunidades para cambiar. Y eso es lo que haré contigo. ¿Estarías dispuesto, Hayden?

—Sí, señora, lo estoy —respondí con la voz temblorosa.

Capítulo 6: Enseñanza

Han pasado dos años desde aquel día en el que entré en esta casa y fui traicionado por Alex; la cuestión es que yo no olvido nada. Al paso de este tiempo he aprendido bastantes cosas, como leer, escribir, escuchar y distintas formas de hablar, ya que a Laura no le agradaba mucho mi vocabulario, algo malsonante.

Siento dentro de mí que estoy cómodo en este lugar, pero no del todo, ya que, en sí, esta no es mi casa. Tampoco se me permite salir a dar alguna vuelta por la zona y solo se me permite hacerlo bajo supervisión, y tiene que ser en el jardín, por dos razones que me explicó Laura. La primera es que no quiere que regrese al barrio del que salí, por miedo a que me encuentren, y la segunda porque sigue creyendo que estoy en deuda con esta casa… o eso pienso.

La vida aquí es entre tranquila y aburrida a la vez, pero debo dar gracias de no estar en un sitio peor, como podría haber sido acabar entre rejas. Tenía una habitación propia, más bien la de invitados. La relación con María avanzó bastante; no entendía por qué me llamaba renacuajo cuando tenemos la misma edad, aunque puede ser porque sea unos centímetros más bajito que ella.

Por las mañanas ella asistía a clases y Laura trabajaba desde casa. Se pasaba horas encerrada en una habitación donde pintaba cuadros y, en ocasiones, me pedía ayuda, la cual daba con gusto. Algunos cuadros son bastante buenos, pero otros son un tanto extraños. No pienso que sean tan buenos, pero eso suele ocurrir cuando le entra la pena por la muerte de su marido.

Es una persona bastante agradable y me ha estado ayudando mucho; a veces he vuelto a sentir lo que era tener una madre. Se podría decir que, hasta cierto punto, soy feliz.

Bueno, es hora de bajar al salón y comenzar con mis tareas, aunque hoy, por ejemplo, podría empezar por el jardín, ya que hace un día maravilloso. Podría ir a ver cómo se encuentran las flores. Aunque parezca mentira, me he vuelto un aficionado a las plantas; me dan paz y tranquilidad.

He comprobado que Laura está en su estudio, así pues bajé las escaleras, cogí las llaves que estaban colgadas al lado de la puerta y las introduje dentro; giré muy despacito y conseguí abrir, y se me escapó una risita, pero de pronto escuché una risa más pícara.

—Ja, ja, ja… eso digo yo, Hayden. ¿Se puede saber a dónde vas, pequeño monstruito? —dijo con tono sarcástico.

—Para empezar, ya no soy tan pequeño, tengo dieciséis años —dije con el ceño fruncido.

—Tú siempre vas a ser mi monstruito y no hay más que decir. Bueno, sí… ¿a dónde vas? —dijo con una sonrisa.

—Pues… quería salir a comprobar cómo se encuentran las flores. Había pensado en regarlas primero y luego continuar con mi tarea de la casa —dije con una sonrisa algo disimulada.

—Está bien, pero que sean las que tengo visibles desde mi estudio. Es para controlar que no te pases regando las plantas y se ahoguen —dijo con disimulo.

«Querrás decir que es para vigilarme a mí y que no decida escaparme», pensé para mis adentros. Aún no ha comprendido que no tengo intención de escaparme… de momento.

—A sus órdenes, mi comandante —dije, chistoso.

Entonces sonreí y Laura se dio la vuelta y comenzó a subir las escaleras para ir hacia el estudio. Al llegar a la puerta, se giró para verme y le saludé con la mano derecha; ella respondió con una sonrisa, la cual entendí que decía «ay, este muchacho». Entonces entró al estudio, cerrando la puerta con suavidad.

Salí por la puerta con bastante alegría. Me encantaba escuchar el sonido de los pajaritos silbando sin parar, el maullido de los gatos —y eso que les tengo alergia—, el viento moviendo las hojas de los árboles. Como no, ya estaba observándome por la ventana, sin apartar la mirada tanto del cuadro como de mí; era algo extraño.

Entonces agarré una regadera y fui a ver cómo se encontraban las rosas. Esas mismas las planté hace un tiempo, ya que son bastante bonitas; me traían algunos recuerdos bonitos.

Me estaba quedando sin agua, así que fui al grifo más cercano que había en el jardín: uno en la parte trasera y otro en la delantera. Así que fui al de la parte de delante, que es donde me encontraba regando.

Al reponer el agua, me giré porque notaba una sensación rara tras de mí. Entonces pude observar que en la calle de enfrente había una persona mirándome. Estaba claro que tenía un par de años más que yo. Iba bien vestido, aunque su vestimenta era un tanto agresiva: llevaba unas botas de cuero negras, un vaquero negro, una camiseta azul oscura y una chaqueta de cuero negra. Me recordó a los guardaespaldas de Cicatrices.

Espera un momento… se está acercando hacia mí. ¿Será que me han encontrado? No puedo poner en peligro a Laura y a María; jamás me lo perdonaría. Ya perdí a una persona en especial.

Agarré una de las piedras que estaban en el jardín y la escondí en la mano izquierda, mientras que en la otra mano llevaba la regadera. Espero que Laura no esté mirando lo que pueda llegar a pasar y siga pintando su cuadro. Ahí viene… prepárate, Hayden, pensé.

—Alto, no des ni un paso más. Esto es una propiedad privada y no se te permite entrar en ella si no es con el consentimiento del propietario —dije con tono serio.

—¿Propiedad privada? Y dime, Hayden, ¿eres tú el propietario? —dijo con sarcasmo.

—Esa voz… Alex, ¿eres tú? —dije con exaltación.

—Cuántas veces te voy a decir que me llames Future. Más bien, ahora soy la mano derecha de Cicatrices, así que ten un poco más de respeto.

—Eres un gusano traidor de mierd… —dije, mientras controlaba la respiración.

—Vaya, veo que te va muy bien. Parece ser que el día que te dejé aquí llorando en el suelo te hice un favor —dijo, mientras se reía.

—¿Dónde está Katrina? —dije, mientras apretaba el puño con la piedra.

—¿Katrina? Así que te dije que cuidaría de ella, y eso es lo que estoy haciendo. Es una de las mascotas de Cicatrices, pero tranquilo: en todos estos años nadie la ha tocado sexualmente. En cambio, sí ha recibido alguna paliza por negarse a complacer al jefe.

—Maldito… Si pudiera, ahora mismo te rajaría el cuello y te haría verlo enfrente de un espejo, para que veas la rata miserable en la que te has convertido.

Noté cómo me sangraba la mano izquierda. Deseaba tirarle la piedra.

—Tranquilo, Hayden. Algún día llegará esa ocasión, te lo prometo, pero hoy no será el día, y el día que llegue te aseguro que será al revés. Solo pasaba por aquí para asegurarme de si seguías con vida. No es la primera vez que paso por aquí. ¿Cómo se llamaban? Ah, sí… Laura y María. Será mejor que controles tu lengua y no pasará nada. Una cosa más, se me olvidaba: para Katrina estás muerto. Parece ser que el amable Hayden fue atropellado por un coche mientras huía con los suministros y el dinero que se perdió en el accidente, así que no te molestes en volver. Para ella ya no existes. ¿No querrás que le pase lo mismo a tu nueva familia, verdad?

—Te voy a arrancar la cabeza, maldito —dije con firmeza, mientras me iba a abalanzar hacia él.

Miré por el rabillo del ojo cómo Laura estaba nerviosa, observando por la ventana. Entonces me quedé en el sitio.

—Así me gusta, corderito. Yo cuidaré de ella, yo y tantos más. Cuídate.

Entonces Alex se dio la vuelta y empezó a caminar con chulería, mientras alzaba la mano derecha diciendo adiós.

Lo he tenido delante mía y no he sido capaz de hacer nada. Tenía que haberle sacado un ojo con la piedra y haber corrido hacia el club y acabar con todos.

No, Katrina, no… ¿qué te estarán haciendo?, pensaba para mis adentros.

No podía apartar la vista del suelo. Se me cayó la regadera y comencé a apretar los dos puños con fuerza, tanto que notaba cómo las uñas se me clavaban en la piel, y caí de rodillas al suelo.

Entonces Katrina piensa que estoy muerto, o peor aún, pensará que la abandoné. Esto no puede estar pasando. Ojalá fuera un sueño y despertara ahora mismo de esta pesadilla.

Alcé la mirada al frente, por donde se había ido Alex. Ahora se hace llamar Future y, peor aún, ha conseguido hacerse la mano derecha de Cicatrices.

¿Aún pensará hacerse con el poder? ¿O ha asumido que será un capricho más de Cicatrices?

Tengo la oportunidad de escapar delante de mis narices y creo que es momento de aprovecharla. Es hora de irse, pero entonces alguien me agarró del brazo izquierdo. Creo que intentaba verme la mano.

Entonces miré a quien me agarraba y, como era de esperar, ahí estaba Laura.

—Hayden, ¿qué te ha pasado? Estás sangrando… ¿y quién era ese hombre? —dijo con miedo.

—Más que hombre, diría animal —murmuré en voz baja.

—Hayden, te he hecho una pregunta. Estás sangrando. Vamos adentro para que pueda curarte esas heridas.

Me movió de un lado a otro con intención de que reaccionase, pero no podía moverme.

—Por favor, entra en casa —dijo con tristeza, mientras le salía una lágrima por el ojo derecho.

La miré y decidí moverme.

—De acuerdo, entraré en casa —dije, mientras apretaba los dientes.

De camino por el jardín hacia la casa no podía dejar de pensar en lo fuerte y malvado que se había convertido. Tenía que empezar a entrenarme si algún día quería acabar con él, pero en esta casa de total paz no podía hacer nada.

Esa mirada de odio que me clavó me dejó bastante claro que el Alex que conocí ya no existe. Se había ido y solo quedaba oscuridad. El pasado nunca desaparece, pero sí vuelve, y está claro que tarde o temprano tendré que hacerle frente.

Capítulo 7: Tenemos visita

Han pasado dos semanas desde el último encuentro con Alex. Recuerdo que Laura no pidió muchas explicaciones en su momento, pero tarde o temprano querrá respuestas; ya me preocuparé de ello en su momento. Bastante tengo ya con el amigo de María que viene hoy a casa: no lo soporto.

Su nombre es Cole y es más que arrogante. Más bien pienso que tiene algo de envidia, ya que yo vivo en esta casa en la que se encuentra María, de la que claramente se nota, a leguas, que está enamorado. La verdad es que, con el paso del tiempo, María y yo estamos más unidos que antes; es como si un cariño se estuviera formando mutuamente. Podría decirse que he llegado a sentir algo extraño por ella.

Es un niño rico del centro, que va al mismo instituto que María. ¿Que por qué no van a uno privado? María me contó que a Cole lo habían expulsado de varios centros privados, así que su familia decidió meterlo en uno público.

Estudian juntos en casa; más bien María se encarga de darle clases, ya que es un zoquete perdido, aunque él está encantado de la vida con tal de pasar más tiempo con ella. El problema lo tengo yo, que tengo que aguantar sus tonterías. Si por mí fuera, le daría una lección para que aprendiera a respetar.

Laura sabía que él y yo no nos llevábamos bien, así que me pidió que tuviera paciencia cada vez que viniera a casa. En cambio, María, para lo lista que es, no se da cuenta de que no nos soportamos.

Hay que ir con cuidado, ya que la última vez que vino hizo varias preguntas sobre mí. Se percató de que en las fotos de la casa no salgo en ninguna de ellas, solo la familia real, así que María empezó a colocar nuevas fotos modificadas en las que se me viera, tanto para él como para las visitas venideras.

Ha sonado la puerta de entrada. Eso significa que han llegado. Bien, yo me encuentro en mi habitación, tumbado en la cama, escuchando música.

Escuchar música se había convertido en una de mis pasiones. Era algo que me fascinaba; me hacía olvidarme de todo lo demás. Me transportaba a otro mundo, aunque solo fuera por unos minutos o unas horas, y luego tener que volver a la vida real.

Cierro los ojos y puedo sentir cómo la música invade mis pensamientos y me hace crear escenas en las que la vida podría ser mucho mejor: como encontrarme de nuevo con Katrina, castigar a Alex e incluso a Cicatrices, y más felicidad en los ojos de Laura, ya que casi siempre parece que es feliz, pero se nota que está triste por dentro.

Un momento… creo que alguien me está llamando.

—Hayden, arriba, tenemos visita. Hayden, te doy tres segundos para levantarte —escuché que alguien hablaba con risa malvada.

—¡Uno! ¡Allá voy! —dije con un pequeño grito.

Entonces María se abalanzó encima de mí con intención de aplastarme, mientras me daba unos pequeños golpecitos en la cabeza que hicieron que los cascos con los que estaba escuchando música salieran disparados contra la pared.

Conseguí sujetarle los brazos mientras estaba encima de mí y nos quedamos en silencio, mirándonos fijamente a los ojos, aunque los suyos se movían de un lado a otro. Su pelo rubio se deslizaba despacio, alcanzando a rozar mi rostro. Sus ojos eran marrones, con un tono verdoso. Sus mejillas estaban salpicadas de pequeños lunares, los cuales resultaban interesantes. Tenía una mirada agradable, la cual hacía que me calmara muchas veces y, otras tantas, me ponía algo nervioso.

—¿Se puede saber qué miras tan fijamente? —dije con voz suave.

—Tus ojos. No me había dado cuenta hasta ahora de lo bonitos que son. Son verdes claros, con tonos azules. Tienes unos ojos preciosos —dijo mientras se iba acercando poco a poco.

¿No estará pensando en besarme, no?

Cada vez la tenía más cerca y el corazón me latía igual de rápido que un avión de caza cuando intenta despegar. Notaba su respiración, la cual me hacía sentirme tranquilo. Su olor era tan dulce… El calor que emanaba me envolvía y hacía que me acercara más a ella, pero entonces alguien abrió la puerta rápidamente.

—¿Interrumpo? Perdonad, estaba tocando la puerta, pero como nadie respondía pensé que algo malo podía estar ocurriendo… y claro está que estaba en lo cierto.

Cómo no, era Cole, interrumpiendo un momento que, a saber, si volvería a ocurrir.

«Dejadme un minuto a solas con él y le arranco la cabeza», pensé para mis adentros.

Entonces María se quitó de encima de mí y se puso de pie, desconcertada, mirando por la ventana mientras se tocaba el pelo. Yo estaba tranquilo, como si nada hubiera pasado. Arqueé una ceja mientras la miraba a ella y después llevé mi mirada hacia Cole, el cual no me quitaba el ojo de encima.

Sí, seguro que estás pensando lo mismo que yo: a ver cuándo nos enfrentamos y te enseño de dónde vengo, niño rico de papá.

—Cole, ¿qué haces aquí? Te dije que esperaras en el salón, que tenía que ir a buscar los apuntes de matemáticas —dijo María, confundida por la situación.

—Ya veo que los apuntes los estabas tomando ahora. ¿Esa es la lección que me ibas a dar a mí después? —dijo con sorna, mientras se cruzaba de brazos.

—Lleva cuidado con cómo le hablas, a no ser que quieras que los apuntes te los dé yo y te enseñe a cómo hablar a las personas —le dije, mientras me levantaba y me ponía enfrente suya sin apartar la mirada.

Entonces cerré mi mano derecha con la intención de hacerle un cuadro en la cara. Seguro que podría ponerlo en la colección de Laura y llamarlo «Tu cara plasmada».

Entonces comenzó a hablar.

—Hazlo y veremos de qué pasta estás hecho —dijo, dando un paso más hacia mí.

Teníamos la misma edad, pero se sentía superior debido a que era más alto que yo y más fuerte. Tenía el pelo liso, peinado hacia el lado derecho; eso le hacía sentirse más malote… o eso pensaba él. Yo se lo cortaba y me hacía una peluca para luego ponérsela en la cabeza. Sus ojos eran negros… qué pena que a María le gusten los míos.

—Tienes suerte de que tenga las manos atadas —le susurré al oído.

—¿Chicos, hay algún problema? —dijo María con firmeza.

—No, ninguno, ¿verdad, Hayden? —habló con sorna.

—Ningún problema. ¿No tenías que ir a estudiar? —dije con una voz más que amenazante.

—Sí, María, por una vez le doy la razón. Vayamos abajo a estudiar, ya que algunos podemos hacerlo —habló con burla.

—No te pases, Cole, y bajemos al salón a repasar. Te recuerdo que llevas muy mal las matemáticas. Por cierto, Hayden, revisé anoche tus apuntes de matemáticas y están bastante bien; te los voy a coger para enseñárselos a Cole —dijo con una sonrisa, mientras guiñaba un ojo.

—Ya lo pillo. Venga, María, vámonos, que se acaba el tiempo y en un rato viene mi padre a recogerme —dijo, mientras suspiraba.

—Eso, niño de papá, será mejor que vayas a aprender —dije, mientras me ataba las zapatillas.

—¿Qué has dicho?

Entonces se acercó a mí y me agarró del cuello.

—¡Ya basta! —dijo María con un grito.

—Hayden, luego nos vemos para la cena. Cole, baja ahora mismo al salón; no te lo repito más veces.

—Ya nos veremos, Hayden… o no —dijo con un tono lo bastante extraño.

—Sí, tenlo por seguro —dije con tono firme.

Entonces los dos salieron por la puerta y María, que fue la última en cerrar, me miró y me lanzó un beso, el cual me puso nervioso, y cerró la puerta.

Aún no puedo entender cómo es capaz de aguantar a semejante idiota. ¿Será que le gusta? No digas tonterías, Hayden, jamás pasaría algo así.

Lo que no llego a entender han sido esas palabras que ha pronunciado: «Ya nos veremos, Hayden… o no». Sonó bastante extraño.

Ya tengo las zapatillas atadas, como las manos. Me acerqué a la ventana y me puse a mirar la calle, que es de las pocas cosas que podía hacer. Entonces observé, en la esquina de la calle, a una persona que iba encapuchada, totalmente de negro. Estaba claro que me estaba observando. Me di cuenta de que se le escapó una pequeña sonrisa. Algo raro estaba sucediendo y podía notarlo.

Alzó la mano, me señaló con el índice de la mano derecha, levantó la mano hacia arriba y la cerró en un puño; entonces la abrió e hizo el gesto de despedida. Se dio la vuelta y se perdió en la oscuridad, ya que estaba anocheciendo.

Por suerte, quedaba poco para la cena y eso significaba que ese imbécil se marcharía. Y sería la segunda mejor parte del día, ya que la primera fue el encuentro con María.

Salí por la puerta y comencé a bajar las escaleras para ir a montar la mesa para la cena. La verdad es que siempre me tocaba hacerlo a mí, pero no me importaba.

Míralos ahí, sentaditos en el sofá. Seguro que no se está enterando de nada. Bueno, vamos a la cocina a por los platos… mmm, huele bastante bien. Huele a lasaña, mi comida favorita.

Ahí estaba Laura, cocinando mientras tarareaba una canción. Una vez le pregunté por ella y me contó que era la canción con la que bailaba con su difunto marido. Hubiera sido bonito verlos juntos.

—Hola, Laura. He de decir que huele súper bien, me estoy comiendo la comida con los ojos. Tengo mucha hambre —dije con una sonrisa.

—Hola, monstruito. Hice tu plato favorito. Sé que estos días he estado un poco distante, pero no quiero que te preocupes, está todo bien. Y por lo bien que te has comportado hoy, quería premiarte con esta rica lasaña, que sé que te encanta —dijo mientras me acariciaba la cabeza.

—Genial —dije con alegría, mientras empezaba a poner los platos.

—Será mejor que pongas otro plato en la mesa —habló alguien por la espalda. Cómo no, era Cole.

—Disculpe, señorita Laura. Me ha dicho mi padre que, por tema de negocios, va a tardar un poco más en venir y que si podía quedarme a cenar —dijo con voz de niño bueno.

Entonces Laura me miró y sabía perfectamente lo que pensaba, pero yo también sabía que no le quedaba otra, ya que tenía un corazón enorme y podía entenderlo.

—Sí, Cole, puedes quedarte. Ayuda a montar la mesa —dijo con un tono no tan alegre.

—Muchas gracias, señorita. Va a ser una gran cena —dijo, mientras me miraba con un tono amenazador.

Capítulo 8: Desconcierto

La cena había dado comienzo y se notaba que el ambiente no era del todo agradable. Quienes más hablaban eran Laura y María; por otro lado, Cole y yo no nos quitábamos la vista de encima. Era de esperar que algo estaba maquinando y he de averiguarlo; la cuestión es cómo lo haré.

Alargué mi brazo derecho para coger la jarra de agua y servirme un vaso, para quitarme este mal sabor de boca que me da esta persona.

—Oye, ¿no te han enseñado tus padres a servir a los demás? Ah, no, perdona, que no tienes familia, se me había olvidado —dijo Cole con tono sarcástico.

—Ese comentario ha estado de más, Cole, y ha sido una falta de respeto en esta mesa. Creo que deberías disculparte —dijo Laura con una mirada de tristeza.

—Disculpe. Como al principio noté que no había fotos suyas en la casa y no sé de dónde ha salido, pensé que no tenía familia —dijo con una sonrisa de burla.

Me quedé callado, con los ojos abiertos mirando fijamente el plato, mientras cerraba los puños y apretaba la mandíbula tan fuerte que podría romper con los dientes cualquier cosa; más bien podría romperle el cuello si quisiera. Tengo que darle una lección, pero sé perfectamente que eso a Laura no le iba a hacer nada de gracia, y más después de verme hablar con Alex la otra vez.

No entiendo cómo una persona que tiene de todo a su alrededor puede comportarse así y ser tan desagradecido. No soporto a ese tipo de personas; deberían extinguirse todas, ya que no aportan nada bueno.

Levanté la mirada y miré de reojo hacia la derecha, donde se encontraba María, enfrente de su madre, ya que la tenía a la izquierda, pero María no era capaz de responder a esta situación.

Creo que lo mejor va a ser que me levante de esta silla y salga a respirar al jardín, porque, de no ser así, voy a montar un show y no quiero eso.

—Si me disculpáis, voy a salir un rato a tomar el aire —dije con un tono algo apagado.

—No, por favor, no te vayas. Cole, quiero que pares ya de una vez. Está siendo la cena más vergonzosa de la historia —por fin María decidió hablar.

—Déjalo, María, necesito salir un rato a desconectar —dije con precisión esta vez.

—Eso, sal a despejarte un rato, que lo estamos pasando genial aquí dentro —dijo Cole mientras me guiñaba un ojo.

Con un movimiento tranquilo y con elegancia me levanté de la silla, cogí mi plato y mis cubiertos y empecé a caminar hasta la cocina. Comencé a lavar el plato y los cubiertos con agua caliente y, la verdad, es que no notaba nada en ese preciso momento. Cerré el grifo y fui de camino a la puerta.

Me senté en las pequeñas escaleras, crucé las piernas y, sobre ellas, los brazos. Sentía el silencio que conmovía las calles; era una noche tranquila y estaba siendo de lo más agradable estar ahí fuera un minuto más, lejos de esa persona.

Se podían apreciar las estrellas, ya que esta noche brillaban bastante. Observaba cómo jugaban aquellos pequeños gatitos en la acera. Seguro que ellos tampoco tienen padres, pero lo bueno es que se tienen entre ellos.

Escuché un fuerte golpe a lo lejos, en la oscuridad.

¿Será que me están vigilando? Ya estoy empezando a perder la cabeza. Ya no sé qué es lo que debo hacer o pensar; esta situación me está superando.

Entonces volví a escuchar un ruido, pero esta vez venía de dentro de la casa. Me giré y, con los ojos un tanto llorosos, alcancé a ver las zapatillas de Cole subiendo por las escaleras muy despacio.

¿Qué es lo que estará tramando?

Vamos a comprobarlo.

Entré por la puerta y miré hacia la derecha, donde se encontraban en el salón María y Laura sentadas, hablando por lo bajo. Lo más seguro es que estarían hablando de nosotros; no las culpo de nada.

Escuché otro pequeño ruido en la parte de arriba, como si un ratón estuviera rebuscando cosas de un lado para otro. Comencé a subir las escaleras despacio, del mismo modo en que Cole las estaba subiendo. Llegué hasta la parte de arriba y empecé a seguir el sonido, el cual me llevó hasta la habitación de Laura.

La puerta no estaba cerrada del todo y se podía ver perfectamente cómo Cole estaba rebuscando en los cajones.

Entonces entré rápidamente y le sorprendí por la espalda. Se giró de golpe y puso cara de sorpresa.

—¿Se puede saber qué es lo que estás haciendo aquí arriba, en esta habitación? —dije con un tono enfurecido.

—¿A ti qué te parece? Voy a librarme de ti de una vez por todas —dijo mientras se guardaba algo en el bolsillo.

—Estás robando a tu amiga y a su madre. Debería caerte la cara de vergüenza, pero tranquilo, que yo te voy a ayudar con eso —dije mientras me acercaba a él con intención de darle un puñetazo en esa cara de tonto.

Un momento… ¿lo que estoy escuchando son sirenas? ¿Qué es lo que habrá ocurrido? No será nada importante.

Bien, por donde íbamos: así voy a acabar con Cole.

Pero entonces sonó el timbre.

—Mira por dónde, ya han llegado, y creo que vienen por ti. Espero que te vaya bien en tu nueva vida —dijo a carcajadas y salió disparado hacia la puerta. Salió tan rápido que me empujó contra la pared.

—¡Espera, vuelve aquí! —dije mientras empecé a perseguirle escaleras abajo.

Alcé la mirada y ahí estaba la policía con Laura y Katrina.

Algo no iba bien.

¿Por qué estaba la policía en la casa?

¿De qué estarían hablando?

¿Y qué hacía Cole escondido detrás de ellos?

No entendía nada de lo que estaba sucediendo en ese momento.

Notaba cómo me estaban mirando todos con cara de desconcierto, como si hubiera matado a alguien. Ya estaba acostumbrado a este tipo de miradas, pero la de María nunca la había visto antes, y tampoco la de Laura.

Me llevé la mano al bolsillo y noté que algo había dentro.

Maldito sea ese Cole. Me había metido las joyas que estaba robando. Entonces me di cuenta de que fue en el momento del empujón.

Un policía se había percatado de mi sorpresa al notar algo en el bolsillo y de la cara que había puesto. Se notaba que era un policía más joven que su compañero, ya que el otro parecía mucho más mayor.

Todos comenzaron a venir hacia mí con una expresión de sospecha. La de Laura era de tristeza, la de María de odio, Cole tenía una gran sonrisa detrás de ellos y la de los policías era de desconfianza.

No tengo claro cómo voy a salir de esta.

—Chico, ¿podrías enseñarme qué es lo que llevas en los bolsillos, si eres tan amable, por favor? Hazlo muy despacio —dijo el policía más mayor, con un tono firme.

—¿Qué es lo que está ocurriendo? —dije con miedo, cuando claramente sabía qué era lo que estaba pasando. Ese desgraciado me engañó igual que Alex.

—Hayden, hazlo —dijo Laura con tristeza.

Entonces saqué las joyas que tenía metidas a traición en el bolsillo. Había un colgante, unos pendientes y un pequeño anillo con un diamante. Las manos me temblaban, el cuerpo lo sentía completamente inmóvil y ellos no tenían buena cara.

—¿Por qué, Hayden? Después de todo lo que te hemos dado y ayudado, ¿decides robarnos una vez más? ¿Es que no hemos sido lo suficientemente buenas contigo? —dijo María, con un enfado en sus palabras que parecía hacer temblar la casa. En cambio, Laura aguardaba en silencio, con los ojos llorosos.

—Yo no he robado nada. Pillé a Cole en la habitación de tu madre robando mientras tú y ella conversabais abajo. Yo estaba fuera, en el jardín, y lo vi subir despacio por las escaleras. Entonces le perseguí para ver qué estaba haciendo. Irrumpí en la habitación para que no robara. Entonces escuché las sirenas, él salió corriendo, me empujó y aprovechó ese momento para meterme las joyas en el bolsillo y librarse de mí.

—Aparte de mentiroso, eres un ladrón. Además, esta no es tu familia, eres un embustero —dijo a los policías mientras me señalaba con el dedo.

Entonces vi cómo Laura abrió los ojos como platos.

—Cole, guarda silencio ahora mismo —dijo Laura con miedo en los ojos.

—Disculpe la pregunta, señorita… ¿este muchacho no es su hijo? —dijo el policía, sorprendido y con el ceño fruncido.

—No, no lo es, señor agente. Es un pobre muchacho que deambulaba por las calles solo, en este barrio, sin familia, y decidimos acogerlo para que no muriera en la calle —dijo Laura, con nerviosismo en la voz.

—Perdone de nuevo, pero su hija ha dicho que no es la primera vez que les roba. ¿Me equivoco? —habló con un tono que dejaba claro que sabía que algo estábamos ocultando.

—No le haga caso. Está cansada y no sabe lo que dice. María y Cole, id al salón, esto no os incumbe.

—¡Pero, mamá, tengo razón! —dijo María mientras gritaba a Laura.

—Os he dicho que vayáis al salón y no quiero un rechiste más. Cole, llama a tu padre para que venga a recogerte; de no ser así, estos amables policías podrán llevarte con ellos —habló con un tono serio.

—Ahora mismo le llamo. Adiós, Hayden, ha sido un placer conocerte. Nos volveremos a ver, aunque a lo mejor no… creo que no será posible que te diviertas en la cárcel, delincuente —dijo mientras acompañaba a María al salón, la rodeaba con el brazo y me sacaba el dedo sin que nadie lo viera.

—Lo siento, señora, pero nos tenemos que llevar al chico. Al no ser usted su madre y no tener familia, y con este caso de robo, nos lo llevaremos a un centro de menores hasta que se aclare todo esto. No se preocupe, estará en buenas manos.

—No se lo lleven, es un buen chico y muy aplicado. Seguro que todo esto se puede arreglar —dijo Laura mientras lloraba.

—Tranquila, Laura. Este tiempo que he pasado en esta casa han sido unos buenos momentos para mí. Volví a sentir lo que era tener una madre. Gracias por toda la ayuda; cómo me han tratado ha sido lo más bonito que han podido hacer por mí. Espero que más adelante lleguen a creerme, de que yo no fui quien robó las joyas. Por favor, dígale a María que me voy con una sonrisa y que deje de ser tan cabezona.

Lo dije con un tono de tristeza, pero también de gratitud.

Entonces Laura se me acercó llorando, con los brazos extendidos, y me dio un fuerte abrazo. El corazón se me tranquilizó y me dijo al oído:

—Tranquilo, mi pequeño monstruito. Todo se arreglará. Te quiero, y eso nunca cambiará.

Las lágrimas brotaban de mis ojos sin parar. Tenía miedo, porque no sabía a qué me iba a enfrentar ahora. Lo único que sé es que esto no va a quedar así.

—Venga, muchacho, es hora de irnos —dijo el policía más joven, con cara de tristeza.

Entonces salimos por la puerta, camino al coche. Iba con la cabeza agachada mientras me sacaban con las esposas puestas. Giré la cabeza y pude ver a Cole observándome con una gran alegría, y a María con cara de enfadada, pero, a la vez, noté que le caían unas lágrimas.

Me metieron en el coche y observé cómo Laura me decía adiós con la mano. Se acercaban los vecinos para ver qué era lo que estaba ocurriendo. El policía más joven se quedó con ellas; tenía la sensación de que seguiría tomando declaraciones.

Capítulo 9: Tres años después

Katrina.

El viento soplaba tan fuerte, golpeando las ventanas hasta tal punto de abrirlas del todo. Era como si un fantasma entrara en el interior y quisiera llevarse las pocas ganas de vivir que me quedaban.

Ha pasado un largo tiempo desde que Hayden desapareció de la nada, sin dejar ni siquiera una respuesta de por qué nos abandonó. Desde entonces vivo con Alex en esta casita… o, más bien, en este almacén que Cicatrices le dio, dados los servicios que cada uno de los dos le prestamos. Alex por interés, y yo por obligación, si mi intención era seguir respirando, aunque a veces pienso que, a lo mejor, debería haber tomado otro camino.

Alex se ha convertido en su mano derecha. Se encarga de dar palizas, da igual la edad o el género que tengan sus víctimas. También extorsiona y chantajea a pequeños locales de la zona. Más bien, cualquier problema que tenga Cicatrices es cuando llama a su perrito para que le arregle cualquier imprevisto.

Todo había cambiado.

Yo me había convertido en la jefa de las señoritas de compañía de todos los locales de la zona de Cicatrices. Él me quería para hacerme cosas horribles y, a la vez, explotarme sexualmente, pero Alex se negó a ello y llegó a un acuerdo con él.

Después de todos estos años se había hecho con todo el control de Skid Row. Los locales eran suyos, casi toda la policía estaba sobornada y aquellos que intentaban meterse en su camino desaparecían a las horas. Los cadáveres nunca eran encontrados.

Todo el ocio estaba bajo su mando. Las apuestas las controlaba y hay muchos rumores de que a los jugadores que no habían pagado sus deudas se las cobraban con sus bienes… o con partes de su cuerpo.

Había convertido la zona en un lugar sin ley. Bueno, las únicas leyes que había eran las suyas. Nadie tenía intención de plantarle cara ni gente de fuera de intentar ayudarnos. Era una marca en nuestras vidas de la que no podíamos escapar, porque, al primer intento, él ya se enteraría y tendríamos que ir cavando nuestra propia tumba.

Te hace desaparecer.

Es más que un tirano. Es un monstruo sin sentimientos, movido por el odio, la riqueza, el egocentrismo, la violencia y el placer.

Es hora de prepararse. Se está haciendo de noche y tengo que ir al local Amapolas. Hoy parece que va a ser una noche muy larga, ya que Cicatrices tiene una reunión con unos empresarios de fuera. Por lo que pude escuchar hace dos noches, quieren tirar varios locales de la zona y modernizarlos. Eso significa que mucha gente se quedaría sin trabajo.

En esa reunión tengo la impresión de que acudirá Alex como representante, aunque también pude escuchar algo más: Cicatrices decía que, si la reunión se torcía, ninguno escaparía vivo del local. Alex, sin rechistar, accedió a ello sin pensarlo dos veces.

Me puse una camisa blanca, una falda negra, unas botas altas de color marrón y unos pendientes de aro. Me dejé el pelo suelto y ya estaba preparada para salir.

Al abrir la puerta ya se escuchaban los gritos de borrachos cantando por las frías calles de Skid Row. Al llegar la noche, el ocio se incrementaba y todos los maleantes salían a divertirse… o a delinquir.

De camino al Amapolas decidí tomar un atajo, ya que estaba llegando tarde, pero tenía la rara sensación de que me estaban siguiendo.

Me paré un instante en una pequeña tienda de frutería. Detrás de la dependienta había un espejo colgado. Lo miré y, tras de mí, se apreciaba cómo dos hombres no me apartaban la mirada.

Sonreí a la dependienta, después de preguntarle por la frescura de la fruta, y continué mi camino. Aceleré el ritmo por un callejón; me quedaba muy poco para llegar al Amapolas.

Al llegar al final del callejón giré a la derecha, cogí un hierro que había tirado en el suelo y me quedé apoyada en la pared. Tomé aire y empecé a contar hasta tres.

Entonces apareció corriendo uno de ellos, al que le pegué en la rodilla derecha con el hierro y cayó al suelo de cara.

El segundo me agarró por la espalda, rodeándome el cuello con una cuerda. No podía respirar bien. Entonces alcé la cabeza hacia atrás y le propiné un fuerte golpe en la mandíbula. Me soltó. Cogí el hierro del suelo y le di un golpe en la cabeza que lo llevó al suelo.

Me acerqué rápidamente y noté que tenía pulso. Fui hacia el otro hombre y aprecié que estaba consciente.

—¿Quién os envía? —le pregunté mientras le apretaba la pierna con el pie, justo donde le había golpeado.

—No tengas miedo, solo queríamos divertirnos un rato —dijo jadeando.

—Te lo volveré a preguntar: ¿quién os envía? —le dije, posando la barra de hierro sobre sus partes íntimas.

—Nos envía Future. Nuestras órdenes eran cogerte cuando fueras de camino al Amapolas, sin levantar sospechas, y llevarte bajo el puente hasta recibir nuevas órdenes —dijo entre gritos, con dolor.

Un momento…

Alex está detrás de todo esto.

No comprendía qué estaba pasando y, además, le llamaban por el apodo que a él le gustaba.

—Pero, de haber sabido que íbamos tras una chiflada, nos habríamos negado. Has dejado a mi compañero inconsciente.

—¿Por qué os mandó raptarme? —dije frunciendo el ceño.

—Todo tiene que ver con una reunión que va a suceder esta noche. La misión era clara: cogerte para que no pudieras asistir. Si la reunión se tuerce, la misión era esconderte —habló muy lentamente.

—Bueno, dile a ese señor Future que no necesito que nadie me proteja —dije, como si no supiera de quién estaba hablando.

Me giré y decidí proseguir mi camino.

—Te he dicho que no podemos irnos sin ti.

Noté una mano agarrándome del tobillo izquierdo. Me giré con rapidez y le propiné una patada en la cara.

—No vuelvas a ponerme una mano encima —le dije con frialdad.

Me quedé mirando a los dos subordinados de Future, muy desconcertada. Algo se estaba tramando y debía enterarme cuanto antes.

Coloqué los cuerpos de tal forma que pareciera que estaban sentados, borrachos, dormidos. Les puse al lado unas botellas tiradas por el suelo, les bajé las boinas y les eché un poco de bebida por encima para que olieran a alcohol.

Más adelante había un contenedor de basura, donde metí la barra de hierro con la que les había golpeado, y proseguí mi camino hacia el Amapolas.

Debía darme prisa. La reunión estaba a punto de comenzar.

Era muy raro que Alex no quisiera que yo estuviera presente.

Tenía que descubrir qué estaba ocurriendo.

De camino al Amapolas, dos coches negros pasaron a toda velocidad por delante de mí y aparcaron frente a la puerta del local. De uno de ellos se bajaron ocho hombres. Entre todos, uno destacaba claramente.

Era el importante empresario al que estaba esperando Cicatrices, junto a Alex y sus dos guardaespaldas. Se notaba que aquel hombre misterioso tenía clase.

Vestía un traje negro, camisa blanca, corbata negra, un reloj que se apreciaba de gran valor y unos zapatos negros de vestir. Tenía un buen corte de pelo; eso no se podía negar. Era todo lo contrario a Cicatrices.

Cicatrices iba con una camiseta negra de tirantes, unos vaqueros azules casi rotos del todo, unas deportivas rojas y, como no, el pelo largo, grasiento y sin peinar.

Si quería dar buena impresión, ya la estaba dando.

Se me escapó una risita por lo bajo. Esperaba que nadie se hubiera dado cuenta, pero para mi mala suerte Alex sí lo hizo. Me hizo un gesto para que me marchara, pero si pensaba que me iba a ir, lo llevaba claro.

—Será mejor que entremos dentro. Aquí fuera empieza a refrescar y dentro se puede coger calorcito —dijo Cicatrices entre risas, estrechándole la mano.

—Tienes toda la razón, mi viejo amigo chiflado —respondió el hombre con una sonrisa.

—Entonces, decidido. Vayamos a la sala de reuniones —dijo Cicatrices con una mirada algo temible, aunque no tanto como la del hombre misterioso.

Comenzaron a subir las escaleras. Detrás de ellos iban los guardaespaldas de cada uno. Noté cómo Alex se giró antes de entrar y, con la mirada, volvió a decirme que me fuera. Las puertas se cerraron.

Antes de entrar, me quedé observando el Amapolas. Tenía una entrada y una salida trasera, dos pisos —el superior, con las zonas VIP y la sala de reuniones— y una sala inferior para los que no poseían demasiado dinero.

También había un sótano, en el que nunca he bajado y espero no hacerlo jamás. La gente que baja ahí vuelve golpeada, con miembros amputados —dedos de manos o pies— o directamente no vuelve a subir.

Los que suben salen por su propio pie… o los sacan a patadas y los dejan tirados en la calle.

Decidí subir las escaleras para entrar al local. Abrí la puerta y ya se escuchaba esa música detestable y ese olor a lujuria que lo impregnaba todo.

Los clientes ya estaban lo suficientemente borrachos para que las chicas actuaran. Era el momento perfecto para comenzar a trabajar. Uno de sus trabajos era quitarles todas las pertenencias mediante halagos, susurros con voz dulce o simples caricias.

La verdad es que siempre caían fácilmente.

Necesitaba una copa para aguantar aquello.

Me dirigí a la barra cuando, de repente, uno de los subordinados de Cicatrices me abordó. Por Dios… olía peor que una manada de ratas.

—Buenas noches, señorita Katrina. El señor le envía un mensaje: quiere que le lleve a dos de sus mejores chicas a la sala de reuniones. Por cierto, hoy hueles mejor que una botella de buen whisky —dijo, mientras me olía y me agarraba del pelo.

—Será mejor que apartes tus sucias manos de mí, cerdo. Dile a Cicatrices que en cinco minutos estaré en la sala —dije con el ceño fruncido.

—No tienes cinco minutos, así que ve de inmediato.

Se marchó a paso ligero hacia la sala y, de camino, tiró una mesa donde estaban sentados unos clientes con sus copas.

—No se preocupen, ahora mismo les traen otras —les dije, llamando a una camarera.

Fui a buscar a las chicas y entramos en la sala de reuniones.

Cicatrices estaba sentado frente al hombre misterioso, separados por una mesa. No entendía por qué me había pedido dos chicas más, si ya había cinco dentro.

Llamó a las chicas y a mí me ignoró completamente, como siempre. Aún no supero que nunca seré una de sus mascotas, como las demás.

Entonces Alex se me acercó disimuladamente y me susurró al oído:

—No deberías estar aquí. Esto puede ser peligroso.

—Y tú no deberías haber enviado a esos hombres a por mí. Por cierto, lo más seguro es que ahora mismo estén en el hospital —le respondí sonriendo.

—Te hablo muy en serio. Algo está a punto de pasar y, si sale mal, tienes que salir corriendo por la puerta trasera.

—Está bien —respondí, confundida y temblorosa.

Alex regresó a su puesto, detrás de Cicatrices.

La reunión dio comienzo, aunque más bien parecía una noche alocada como cualquier otra. La depravación se apoderaba de la sala. Incluso los guardaespaldas se unían a la fiesta, excepto Alex, que se mantenía erguido, apoyado en la pared, con una mirada fría y desafiante.

El alcohol rebosaba por cada rincón.

Empecé a notar algo extraño. Las chicas tenían un comportamiento diferente y un rostro inquieto. Mientras coqueteaban con los guardaespaldas, cada pocos minutos dirigían la mirada hacia Alex.

O eso creía yo.

El hombre misterioso se inclinó hacia la mesa, cruzando las manos en forma de pirámide, con una actitud de superioridad. En cambio, Cicatrices estaba recostado en la silla, con la pierna derecha sobre la izquierda.

Cogí una copa de champán y me acerqué con disimulo.

Noté la mirada de Alex, diciéndome que me marchara. Pero nunca le hago caso.

—Tengo entendido que ya sabe, señor Cicatrices, cuál es el motivo de mi visita. Comprenderá que la situación no es agradable para ninguno de los dos. En su caso es aún más complicada. Debido a sus atrasos en los pagos, me veré obligado a retirarle el territorio por completo —habló el hombre con un tono firme.

El rostro de Cicatrices reflejó desconcierto.

—Hemos tenido algunos problemas con los cobros, pero no es algo que no tenga solución. Relájese y no se preocupe tanto, Frank. Disfrute de estas maravillosas chicas que he reservado especialmente para usted.

—Es señor Frank. Y veo que no comprende la gravedad de la situación en la que se encuentra. Si se dedicara a cumplir con su trabajo y no a rodearse de fiestas sin sentido, tal vez yo no debería estar aquí. Tal vez debería recordarle para quién trabaja.

—¿Me está amenazando aquí, en mi casa?

Cicatrices se acercó a la mesa y clavó una navaja sobre ella.

—No tengo tiempo para discutir con perros como usted. Ha llegado el momento.

El hombre alzó la mano.

Entonces me di cuenta.

Las chicas no miraban a Alex.

Miraban al hombre.

Cada una sacó un cuchillo que llevaba escondido en la ropa interior. Agarraron por la espalda a los guardaespaldas y les cortaron el cuello. Algunas se subieron sobre ellos y les clavaron el cuchillo una y otra vez.

La rabia se respiraba en el ambiente.

La sangre brotaba por todas partes, junto a las botellas de champán que volaban por los aires.

Levanté la mirada buscando a Alex entre la multitud.

Y entonces lo vi.

Tenía a Cicatrices agarrado por el cuello, con una pistola apuntándole a la cabeza. Cicatrices levantaba las manos y se reía como un loco.

—¿Cómo osas traicionarme después de todo lo que te he dado? —dijo entre carcajadas.

—Aquí es donde termina tu vida —gritó Alex.

Cicatrices alzó la cabeza y le dio un cabezazo en la barbilla. Alex se tambaleó. Cicatrices se giró con rapidez y le lanzó un puñetazo que lo estampó contra la pared.

Agarró la navaja y se abalanzó hacia él, pero Alex esquivó el ataque, le sujetó las manos, giró el cuerpo y lo lanzó contra la pared.

Cicatrices cayó al suelo.

Alex se giró, le dio una patada en la mandíbula, se agachó, lo agarró por la camiseta y comenzó a golpearle una y otra vez. La sangre le chorreaba por los nudillos.

Alex se levantó, fue hacia la pistola, la cogió y volvió junto a él.

—Te dije que este iba a ser tu final.

—Vete a la mierda. No habrías llegado hasta donde estás si no fuera por mí. Los traidores como tú están a la orden del día. ¿O te recuerdo lo que le hiciste a tu mejor amigo… Hayden?

Sus ojos se clavaron en los míos.

—Vete al infierno.

Alex descargó el cargador en la cabeza y el abdomen de Cicatrices. Primero un disparo en la cabeza. Después, el resto en el abdomen, dejando su cuerpo lleno de agujeros.

Me quedé mirando a Alex, completamente desconcertada. El corazón se me hizo un nudo al escuchar el nombre de Hayden.

¿Por qué ha dicho que Alex tuvo que ver con su desaparición? Y lo peor de todo… Disparó justo cuando vio que me miraba. ¿No quería que yo escuchara la verdad?

Esto no va a quedar así.

Capítulo 10: Un nuevo rey se alza

El olor a muerte inundaba la sala. Era peor que estar rodeado de los salvajes que se encontraban en el piso inferior, sin saber nada de lo que estaba ocurriendo aquí arriba, debido a que las paredes y el suelo estaban insonorizados; es decir, aunque hubiera una guerra, nadie se daría cuenta. Así lo propuso Cicatrices en su momento, para que nadie escuchara las barbaridades que ocurrían aquí.

Las chicas se encontraban como si nada; era como si llevaran tiempo esperando este momento. Por ello, a más de una la veía citándose con Alex a solas semanas atrás, y yo pensando que solo estarían con él para una noche loca como cualquiera.

Me percaté de que tenía el rostro manchado de sangre, así que, en silencio, me dirigí al baño para lavarme la cara. Al entrar, había varias chicas, tanto riendo como llorando: algunas de alegría por haber terminado con el terror de Cicatrices y otras preocupadas por el destino que les aguardaba.

Me sequé la cara y miré fijamente al espejo, preguntándome qué es lo que habría pasado con Hayden. Apreté los puños con tanta fuerza que noté cómo las uñas se me clavaban en las palmas de las manos. Tomé aire y salí decidida en busca de respuestas.

Salí del baño con la mirada perdida hacia el suelo, sumamente enfadada, en busca de Alex, y entonces alguien chocó conmigo y me tiró al suelo. Solté un pequeño gemido de desahogo. Alcé la mirada para ver quién había chocado conmigo y me di cuenta de que era mejor haber seguido mirando al suelo: era el hombre misterioso, o más conocido como Frank.

—¿Se encuentra bien, señorita? —dijo con un tono suave, aunque su mirada decía lo contrario.

—Estoy bien, ha sido culpa mía. Salí con prisas y no me percaté de que alguien podría estar detrás de la puerta. Le pido disculpas, señor —dije con un tono algo asustada.

—Es normal. Por lo que puedo entender, usted no estaba al corriente de lo que iba a suceder, así que deduzco que usted será la amiga de Alex, la señorita Katrina —dijo con una sonrisa.

—¿Cómo sabe mi nombre? ¿De qué conoce a Alex? —mi tono era más que alarmante.

—Se podría decir que el señor Alex y yo tenemos unos negocios entre manos. Y sobre usted he de decir que debo estar informado de cualquier persona que vaya a trabajar para mí. Ahora, si me disculpa, he de reunirme con tu amigo. Las cosas están a punto de cambiar.

Entonces me dio la mano para levantarme, me echó una mirada pícara y se marchó en busca de Alex. Por cierto, ¿dónde se habrá metido? Hace rato que no se encuentra en la habitación.

Entonces lo vi. Estaba en la ventana, fumándose un cigarrillo. Desde lejos se podía ver cómo le temblaba la mano con la que lo sujetaba. ¿Sería que tenía miedo o más bien que aún estaba con la adrenalina de lo ocurrido? Debo hablar con él.

—Alex, tenemos que hablar y esta vez no podrás escabullirte —le dije con un tono serio.

—¿Qué es lo que quieres? —habló con chulería.

—¿Cuándo ibas a contarme lo que tenías planeado para esta noche? ¿Por qué Cicatrices nombró a Hayden y dijo que tú tenías que ver con su desaparición? ¿Qué es lo que me estás ocultando? —le dije claramente enfadada.

—Ahora no es el momento. Tengo asuntos que arreglar. Después de ello te lo explicaré todo —habló con firmeza.

Entonces se alejó de mí para sentarse a conversar con Frank, en la misma silla en la que estaba, hace muy poco tiempo, Cicatrices.

Si Alex ha tenido algo que ver con la desaparición de Hayden, la verdad es que no sé cómo actuaría. Desde entonces ha tenido comportamientos bastante sospechosos, como el de cuidarme más y, a la vez, mostrar mucha más ambición por el poder. Si antes quería controlarlo todo, tengo la impresión de que lo ha acabado consiguiendo después de esta jugada que se ha marcado.

—Quiero que toda la gente que se encuentre en esta habitación salga ahora mismo, incluida usted, señorita Katrina. Que todos vayan a la planta inferior y actúen con normalidad —dio la orden.

—Ya lo habéis oído, todo el mundo a la planta inferior —dijo Alex mientras me miraba fijamente.

Entonces la sala se empezó a desalojar, incluida yo. Lo que ellos no sabían es que una de las habitaciones de la limpieza tenía un agujero, el cual estaba tapado por un cuadro y por el que se podía espiar.

Mientras me dirigía hacia la puerta, le eché una mirada de desafío a Alex para recordarle que esto aún no había terminado.

Esperé a que las chicas comenzaran a bajar por las escaleras y entonces fue cuando comencé a caminar hasta la habitación. Abrí la puerta muy despacio para que no se enteraran de que había alguien merodeando por arriba. Por más que fuera la jefa de ellas, tenía la impresión de que eso había terminado y de que el verdadero jefe era Alex.

Esta habitación, por más que fuera de la limpieza, tenía toda la impresión de ser un trastero. Estaba llena de trastos inútiles. Tenía que llevar cuidado de no tropezar con nada.

Entonces lo vi. El cuadro que tapaba el agujero estaba enfrente de mí. Me acerqué a él, lo retiré con cuidado y pude apreciar que la verdadera reunión de esta noche estaba a punto de comenzar.

—Estoy sumamente impresionado, Alex. Nunca pensé que serías capaz de lograrlo, pero ahora mírate: llevas la corona de un rey de las cloacas. Tengo grandes planes para ti y te llenaré de dinero si haces las cosas bien, no como tu antiguo jefe —dijo con naturalidad.

—Llevo preparándome para este momento bastante tiempo, señor. Le aseguro que no le voy a defraudar —habló con firmeza.

—Eso espero, porque has podido comprobar cómo acaban aquellas personas que no cumplen sus tratos conmigo. Por cierto, ¿a qué se refería Cicatrices al decir que traicionaste a tu mejor amigo? En estas filas no podemos tener traidores —dijo con un tono tan serio que hasta se me puso la piel de gallina.

—Es una larga historia, pero básicamente sí, le abandoné a su suerte. Era una persona que no podía encajar bien en esta nueva era que queremos crear. Era demasiado bueno y, sobre todo, se quería marchar de este lugar. Un día entramos a robar de jóvenes a una casa; las personas del interior se despertaron y tuve que dejarle allí. Tiempo después empecé a ir a verle y vi que se estaba convirtiendo en una persona más recta, la cual no encajaba en este camino. He de decir que para Katrina él está muerto. Le dije en su momento que había tenido un accidente de coche mientras escapaba con los suministros que estábamos robando para irnos de este lugar, pero es todo mentira. En ese momento él estaba vivo, aunque desde hace tiempo no se le ve por la casa. ¿Será entonces que de verdad habrá muerto? Eso espero —dijo con un tono de satisfacción.

El muy miserable me ha estado mintiendo todo este tiempo. Entonces cabe la posibilidad de que Hayden siga vivo, aunque, después de lo último que he escuchado, las probabilidades son escasas. Pero tengo que tener fe.

—De acuerdo, agradezco tu sinceridad. De ahora en adelante no quiero que haya más errores. Esta organización es seria y, como ya tienes entendido, muevo más negocios. Los negocios legales que tengo son una tapadera. Si juegas bien tus cartas, te llevaré conmigo a lo más alto. Desde ahora te nombro líder de Skid Row. Llevarás el control de todo: tanto de los negocios como de aquellas personas que están sobornadas. Ya han sido avisadas de que hay un nuevo líder en el distrito, así que no me falles. Ahora he de reunirme con mi hijo. Estaremos en contacto.

Entonces se puso de pie para estrecharle la mano.

—No le fallaré —Alex se levantó para devolverle el saludo.

No… no puede ser. Todo esto tiene que ser una terrible pesadilla. Cerré los ojos y comencé a pellizcarme para ver si despertaba, pero estaba claro que todo era muy real.

Tengo que escapar de este sitio.

Me dirigí hacia la puerta para salir despacio, tomé las escaleras para bajar a la planta inferior y abrí la puerta… pero enfrente de mí se encontraba Alex. Al parecer, se estaba despidiendo del señor Frank. Entonces me clavó la mirada y empecé a temblar, no de miedo, sino de ira.

—¿Ibas a alguna parte, Katrina? —dijo con tono serio. Su rostro mostraba preocupación.

—Solo quiero salir a tomar el aire. El ambiente aquí está muy cargado. Ahora, si me permites pasar —hablé disimuladamente, pero tengo la sensación de que se percató.

—Te noto nerviosa, y una de las chicas me comentó que estuviste merodeando por el pasillo de arriba cuando di la orden de que nadie se encontrara en el lugar.

—Se habrá equivocado de persona. Mi turno se ha terminado, voy de regreso a casa. Quítate del medio —dije con tono amenazante y a la vez temblorosa.

—No vas a ninguna parte. Además, tenemos asuntos pendientes de los que tratar. Acompañad a la señorita Katrina al sótano —dijo con la mirada perdida.

La situación se estaba poniendo cada vez peor. Las personas que bajaban al sótano no regresaban o volvían con miembros amputados.

Uno de los nuevos guardaespaldas de Alex me agarró por la espalda y me ató las manos con una cuerda tan gruesa que sentía cómo me quemaba y me cortaba la piel. Me puso la mano en el hombro y me dio la orden de caminar en dirección al sótano.

Noté cómo todas las miradas del salón se clavaban en mí, con caras de sorpresa y miedo. La gente comenzó a irse del local en orden.

Mientras bajaba las escaleras, pude apreciar las herramientas de tortura que colgaban de una estantería como si fueran trofeos.

Al llegar abajo, se encontraba un hombre con los ojos vendados, pidiendo ayuda. La sangre recorría su boca, deslizándose lentamente por el cuello. Tenía los dedos morados, parecía que iban a explotar. Se encontraba descalzo, con los pies dentro de un cubo lleno de agua.

—Señorita Katrina, espere aquí sentada. El señor Alex bajará enseguida —dijo con una sonrisa de oreja a oreja.

—Vete al infierno, maldito.

Tragué saliva y le escupí en la cara. Él respondió propinándome un tortazo. Noté cómo la cabeza rebotaba contra el suelo y, poco a poco, perdí el conocimiento.

—El infierno no lo has conocido, pero lo vas a conocer.

Lentamente abrí los ojos. Todo se veía borroso. Me encontraba sentada en una silla, con las manos atadas y amordazada, frente a aquel individuo, que ya no pedía ayuda: solo murmuraba palabras ininteligibles.

Empecé a toser sangre de forma descontrolada. Sería debido a la caída tras el golpe. Siento que tengo la nariz rota.

Ya veo con algo más de claridad, aunque había muy poca luz en la sala.

La puerta se abrió. Entraron Alex y la persona que me había golpeado. El muy malnacido iba con una sonrisa agrandada; en cambio, Alex tenía un rostro que nunca había presenciado antes. En sus ojos se podía ver la mismísima muerte en persona.

—¿Cómo se encuentra el invitado especial de esta noche? Lo siento, ya no recordaba que no tienes lengua para hablar. ¿Has visto, Katrina? Esto es lo que les ocurre a las personas que hablan de más o se meten donde no les llaman —Alex se reía a carcajadas.

—Desde un principio siempre tuve la intuición de que tuviste que ver con la muerte de Hayden… Ah, no, que sigue vivo. ¿Cómo le abandonaste? Para él siempre fuiste como un hermano. Te seguía a todas partes y le dejaste a su suerte.

—Hayden era débil. No era capaz de seguir este camino. Él soñaba con una vida llena de pajaritos, una vida que no es para nosotros. Tampoco lo es para ti. Te extiendo la mano para que te conviertas en mi reina, en la reina de estos suburbios, los cuales controlaremos juntos.

Mientras hablaba, tenía la mirada perdida. Se había vuelto completamente loco.

—Estás enfermo. No pienso ser una más de tus esclavas. Escaparé tarde o temprano y encontraré a Hayden, y si no, tendrás que terminar con mi vida —le dije muy enfadada.

—La gente que no está conmigo no merece mi hospitalidad.

Entonces Alex echó una batería eléctrica al cubo lleno de agua y el hombre que tenía los pies dentro comenzó a electrocutarse.

—Dulces sueños, Katrina.

Se acercó a mí con una barra de hierro, con la cual fui golpeada.

Capítulo 11: Vuelta a casa

Hayden.

Ha pasado un largo tiempo desde aquel día, el día que iba de camino a comisaría por un robo que no había cometido. La verdad es que ese coche nunca llegó a su destino.

Aún recuerdo que durante el trayecto se puso a llover. La carretera se había convertido en un banco de niebla y se escuchaba perfectamente el rugido del cielo. El policía decidió aminorar la velocidad por nuestra seguridad, aunque, por el miedo que mostraba su rostro, velaba más por la suya que por la mía. Siendo sincero, no sentía miedo; en ese momento estaba consumido por la rabia y hacía tiempo que ya no sentía miedo.

La comisaría se encontraba a las afueras de la zona, en el bosque de Freedom Lake, cuyo trayecto estaba lleno de curvas. Era algo peligroso para ese temporal. Podía observar cómo el policía echaba miradas por el espejo interior del coche para controlar cada movimiento que realizaba.

—Chico, no deberías haber robado a esa familia, y más si te habían dado cobijo y ayudado todo este tiempo. Voy a necesitar que me des tu DNI o pasaporte. La mujer de la casa nos dijo tu nombre, pero no apareces en la base de datos; es como si no existieras —dijo el policía con un tono serio y preocupado a la vez.

La verdad es que no se equivocaba: estaba fuera del sistema.

—No tengo por qué darle explicaciones. No le conozco y lo único que puedo decir en mi defensa es que soy inocente. Jamás se me ocurriría hacerles ningún mal a esa familia.

El silencio abundaba en el interior del coche. El viento rugía tan fuerte que el vehículo se balanceaba de un lado a otro. Sonó un estruendo y un rayo impactó contra un árbol, el cual cayó enfrente de nosotros. El conductor dio un volantazo y nos llevó colina abajo.

El coche comenzó a rodar hasta que llegamos al fondo. Quedamos atrapados. El policía no articulaba palabra: estaba muerto. Un tronco había atravesado el cristal frontal del coche y su pecho.

Conseguí acercar mis manos a su cinturón, del cual colgaban las llaves, para quitarme las esposas. Sentía que poco a poco las muñecas se me estaban rompiendo. El cristal de la parte trasera del coche estaba agrietado, por lo tanto no iba a ser difícil romperlo. Golpeé el cristal hasta romperlo; me quedaban pocas fuerzas y tenía que darme prisa.

Al salir por la parte trasera del coche, caí desplomado con la visión borrosa. Entonces una silueta con forma de persona se colocó enfrente de mí. No pude ver más en ese momento, ya que caí rendido.

Al abrir los ojos me di cuenta de que ya no me encontraba en el lugar del accidente, sino en lo que parecía ser la habitación de una cabaña en el bosque. Y, efectivamente, por la ventana se podía apreciar que estaba rodeado por un bosque frondoso.

Es hora de ponerse a trabajar; ya tendré tiempo de recordar.

Me encontraba en uno de los bares más concurridos de Skid Row. Por la información que me habían facilitado meses atrás, en este bar es donde suelen reunirse los mayores matones de la ciudad. Mi objetivo es un hombre con un escorpión tatuado en el lado derecho del cuello. Viste una chaqueta de cuero negra con el dibujo de un dragón asiático, vaqueros azules y unas botas marrones desgastadas. Cada día, a la hora de comer, se pide un bocata de pollo con lechuga, tomate y mayonesa; para terminar, se toma una copa de whisky con dos hielos.

Ahora mismo me situaba sentado al fondo del bar, apoyado en la ventana, mirando con disimulo a cada persona del local. Era de esperar que pasara desapercibido, ya que iba vestido con ropa rota y sucia: unas zapatillas blancas desgastadas, un pantalón marrón con agujeros en la parte inferior, una camiseta negra rota por el cuello y una chaqueta oscura con capucha. Mi intención era hacer creer a la gente del local que solo era un borracho más, y efectivamente estaba dando resultado.

Dos hombres que se encontraban al lado de un tercero, posicionados en la barra del bar, se levantaron en dirección hacia mí. El tercer hombre se quedó sentado, sin levantar la mirada de su copa. Vamos allá, la función estaba a punto de comenzar.

—¿Y tú quién eres? El olor a muerto que desprendes está molestando a estas personas que quieren beber un trago sin la presencia de alguien como tú —dijo con tono sarcástico uno de ellos, con gorra negra.

—Aquí mi amigo te ha hecho una pregunta —añadió el compañero de la gorra, que quiso unirse a nosotros con tanto entusiasmo que me roció con una jarra de cerveza.

—Lo siento, caballeros, no quiero molestar. Ahora mismo me levanto y me voy —dije levantándome, con un tono en el que se me trababan las palabras, y me dirigí hacia la puerta.

—No vas a ir a ningún lado, mono de feria —dijo mientras colocaba su pie derecho para hacerme la zancadilla.

Cedí a ello; la función aún no había terminado.

—Levántate del suelo, solo queremos divertirnos un rato.

Entonces recibí un fuerte golpe en las costillas por parte del compañero, lo que hizo que rodara y acabara golpeado contra la mesa de al lado, sobre la cual había varias bebidas que volvieron a caerme encima.

Me agarré a una silla para ayudarme a ponerme en pie. Al estabilizarme, continué mi camino hacia la puerta. Entonces noté cómo uno de ellos me agarraba del hombro izquierdo.

—Te he dicho que vamos a divertir… —no terminó la frase.

En ese momento lancé la cabeza hacia atrás, golpeándole la mandíbula.

—¡Estás muerto! —gritó mientras se abalanzaba hacia mí con el puño izquierdo en alto.

Pero entonces un grito invadió todo el local. Todas las personas que se encontraban dentro se quedaron en silencio.

—¿Se puede saber quién está interrumpiendo esta maravillosa velada que estoy teniendo?

El tercer hombre, que se encontraba sentado en la barra, se levantó con la copa en la mano y la rompió contra el suelo. Tenía tatuado un escorpión en el cuello y, antes de romper el vaso, me percaté de que era una copa de whisky. Lo encontré.

—Chicos, chicos, chicos… será mejor que tengáis una buena explicación —dijo el Escorpión mientras se acercaba a nosotros con un paso inquietante.

—Este miserable es el culpable de todo —exclamó el hombre de la gorra entre gritos.

Fue una mala idea. El Escorpión le golpeó en la garganta y el hombre cayó al suelo.

—Sois una panda de inútiles. ¿Cuántas veces os tendré que decir que os comportéis como profesionales? ¿No veis que es un simple borracho? A ver, tú, acércate a mí —me señaló con el dedo.

Me dirigí hacia él.

—Coge estas monedas y desaparece de mi vista.

Me tiró las monedas a los tobillos.

—Muchas gracias, señor. Disculpe las molestias.

Me abalancé sobre él y, al empujarme hacia atrás, conseguí colocarle un chip localizador.

Salí por la puerta trasera hacia el callejón, donde se encontraba el coche que había dejado aparcado. Abrí el maletero y saqué una bolsa negra, dentro de la cual había un portátil. Entré al coche y lo coloqué en el asiento del copiloto. Introduje un código con el que podría localizar el próximo destino de esos malnacidos.

El GPS mostró un círculo en rojo: nuestro amigo ya se había puesto en movimiento. Arranqué y fui en su busca.

Las calles no habían cambiado en absoluto; al revés, el incremento de la criminalidad había crecido y eran mucho más peligrosas que antes. Al parecer, una nueva mafia se había hecho con la ciudad y mi intuición me decía que Alex estaba detrás de ello, debido a la noticia de la muerte de Cicatrices a manos de él.

La señal me condujo hasta el embarcadero abandonado de la ciudad. Años atrás tenía un buen funcionamiento, hasta que Cicatrices se hizo con él. Después de eso quedó en decadencia y se convirtió en un lugar de tráfico: armas, drogas, animales exóticos, materiales prohibidos y tráfico de personas.

La señal se detuvo en una pequeña nave junto al embarcadero. Había dos coches negros aparcados, custodiados por dos personas cada uno. La entrada a la nave estaba protegida por una sola persona. Era extraño, porque los coches tenían más vigilancia que la propia entrada, y entonces comprendí el porqué.

En el coche de la izquierda estaban cargando, por lo que se podía apreciar, mochilas negras de tamaño mediano. Mi intuición me decía que podía ser dinero o drogas. En el coche de la derecha metieron a tres chicas con los ojos vendados en los asientos traseros, y en el maletero a una cuarta chica.

Lo que escapaba a mis ojos era que no había rastro del Escorpión y, de pronto, un tercer coche, bastante más voluminoso, entró en escena.

Capítulo 12: Viejos amigos

De él se bajaron cuatro personas bien trajeadas; por su apariencia era fácil deducir que se trataba del guardaespaldas de un alto cargo. Una quinta persona se bajó del coche. Esa persona se veía elegante y fuerte, con un traje azul oscuro, camisa blanca, junto a unos zapatos de vestir negros. En cuanto me fijé en esos ojos, tenía claro de quién se trataba.

Se trataba de nada más y nada menos que de Alex. Después de todos estos años ha conseguido lo que tanto ansiaba: escalar peldaños en la selva y no bajar de ella. Eso se acabará pronto, pero primero tengo que encontrar a Katrina. Espero que, por su bien y el de todos, siga con vida o el infierno caerá sobre ellos.

Desde mi desaparición no ha habido un solo día que tomara descanso. He entrenado día a día hasta llevar mi cuerpo a estados que ni yo mismo pensé que podía alcanzar, así que no permitiré que lleven sus planes a cabo. Esta ciudad necesita un lavado de cara y el barrio de Skid Row necesita una limpieza general de todas las ratas que habitan en él.

Y entonces otro hombre salió de la nave. Se trataba de Escorpión e iba de camino hacia Alex, aunque la verdad parecía que estaba temblando. Ya no iba con esos aires de superioridad;

más bien su rostro mostraba miedo y preocupación. Me da que alguien está en serios problemas. Por suerte, podré escuchar la conversación, debido a que el chip localizador puede transmitir conversaciones al portátil.

—Me preguntaba cuándo tenías pensado salir de ese bar para negados y dar la cara. Llevas desaparecido dos semanas, Escorpión, y la verdad es que ya te estaba echando de menos. Como comprenderás, ya sabes por qué he tenido que presentarme en persona, y es porque el cargamento lleva varios días de retraso. Pero eres un chico cumplidor, ¿no es así? Acércate un poco más para verte mejor, no tengas miedo —Alex le mostró una sonrisa.

—Lo siento, jefe, hubo complicaciones. Los chicos no estuvieron atentos a ello —se notaba el temor en sus palabras.

Entonces Alex le golpeó la cara con un palo y cayó rendido a sus pies. En ese instante le volvió a pegar, esta vez en la nuca.

—Como buen perro que eres, me obligas a domesticarte aquí delante de tus hombres. Y te preguntarás por qué lo hago, ¿no es así? Bien, la respuesta es muy simple: porque tú no eres capaz de hacerlo con ellos, imbécil.

Entonces le volvió a pegar en la nuca hasta que el palo se rompió.

—No quiero más errores. ¿Me has entendido? O despídete de tu familia. Espero que haya sido de lección para todos. Ahora, fuera de mi vista.

Los matones de Escorpión intentaron ponerle en pie, pero él se negó a ello; al parecer tenía más orgullo que cabeza.

Entonces se montaron en los coches y cada uno iba en distintas direcciones. Tenía que seguir a alguno de los coches, pero no podía apartar la vista de Alex. Entonces algo inesperado sucedió.

—Será mejor que pongas las manos lentamente sobre el volante y no se te ocurra hacer ninguna tontería o esparciré tus sesos por todo el coche. ¿Qué es lo que haces aquí? ¿No deberías estar en algún bar? Apestas a alcohol.

Tenía una mirada fría y asesina; estaría bien ir con calma.

—Perdone, me he confundido de zona. Me dirigía hacia casa y no sé cómo acabé aquí; al parecer he bebido demasiado —exclamé, confuso.

—Interesante… no sabes cómo has llegado aquí. Muy bien, no te preocupes, lo averiguaremos enseguida. Bájate del coche ahora mismo y hazlo muy despacio, las manos sobre la nuca y camina hacia delante.

Abrí la puerta del piloto y bajé muy despacio. Un paso en falso y podría apretar el gatillo sin problemas. Por su forma de coger el arma, se veía que había tenido entrenamiento militar.

Empecé a caminar en la dirección indicada y, como era de esperar, me estaba llevando hacia la posición de Alex. A lo lejos se podía observar cómo su mirada y la de sus compañeros se estaban clavando en nosotros, aunque al parecer mi disfraz estaba dando el pego, ya que no me reconoció.

Podría darle un golpe en las costillas y desarmarlo. Después de ello le metería una bala entre ceja y ceja a Alex y su vida llegaría a su fin, pero, de ser así, jamás encontraría a Katrina y entonces todo el trabajo de estos años habría sido en vano.

—¿A quién traes con nosotros, Klaus? —Alex habló hacia la persona que me llevaba con él a punta de pistola.

—Jefe, he encontrado a este bastardo espiando desde aquel coche en la colina. Según él dice, no encontraba el camino a casa, pero la verdad es que algo está ocultando —posó su arma en mi cabeza.

—Entonces tendremos que averiguar quién es nuestro invitado de honor, que ha decidido colarse en esta reunión.

Alex se acercó al coche y de él sacó un bate de béisbol y una navaja, igualita a la que llevaba Cicatrices en sus tiempos. Será que se la quedó como trofeo.

—Tan listo para unas cosas y tan tonto para otras, ¿no es así, Future? —le dije sin pestañear.

Entonces se quedó congelado, cerró el maletero de un golpe y se giró hacia mí. Sus ojos, petrificados, se clavaron en mí, analizándome de arriba abajo. Al parecer, el fantasma desaparecido regresó a casa.

—Apartaos ahora mismo… Ese nombre me lo decían dos personas de jóvenes. ¿Hayden, eres tú? —se le notaba confuso por la forma en la que hablaba.

—Solo tú te hacías llamar así. Ha pasado mucho tiempo, viejo amigo, aunque los lazos los rompiste hace bastante, ¿no es verdad? ¿Cómo era? ¿Hermanos de por vida, no? Sucio traidor, dime ahora mismo dónde se encuentra Katrina.

—Se suponía que habías desaparecido, y así es como debería ser. El menor de tus problemas ahora mismo es ella. Preocúpate mejor de ti. ¿O no te has dado cuenta de que estás rodeado por mis hombres? —se notaba que se sentía poderoso al hablar.

—El niño que crees que era murió hace tiempo. He venido en busca de ella y te aseguro que nos iremos de la ciudad juntos, aunque tenga que terminar con toda tu red criminal.

—Trabaja para mí en el club Pétalos y la verdad es que está encantada. Por cierto, para ella estás muerto, y eso no va a cambiar.

Entonces Alex comenzó a reír a carcajadas. Se había vuelto completamente loco. Entonces ha jugado bien sus cartas… para ella ya no existo.

—Te voy a dar una oportunidad y te recomiendo que la cojas. Olvídate de ella y márchate de la ciudad. Comienza una nueva vida lejos de aquí, como tanto deseabas. Ya lo hiciste una vez, puedes volver a hacerlo.

Se le notaba enfadado por el tono de voz, a la vez que disgustado, pero eso no tenía interés alguno para mí; el pasado no se puede cambiar.

—Como ya te he dicho, me iré de la ciudad si salgo con ella de aquí.

Apreté tanto los puños que era capaz de abalanzarme sobre él y destrozarlo.

—Entonces no puedo hacer más por ti. Klaus, procede.

Me giré rápido, pero era demasiado tarde. La pistola apuntaba hacia mi pecho y el sonido del arma rebotó por todo el embarcadero: el gatillo se había disparado.

Caí desplomado al suelo, encima de un charco de agua. Lo que ellos no sabían es que debajo de toda esta vestimenta de vagabundo, un chaleco antibalas cubría tanto mi pecho como mi abdomen.

—Tirad al mar a este desgraciado y que la naturaleza se ocupe de su cuerpo; por suerte acabará devorado por los peces.

Con los ojos cerrados noté cómo agarraban mi cuerpo, tanto por los hombros como por las piernas, y me lanzaron al agua. Entre los disparos y la caída, sentí un fuerte pinchazo en el pecho, nada que unos calmantes no puedan arreglar.

Esperé unos minutos hasta que escuché el rugido del motor del coche. Ya se habían ido y era el momento de subir el muro. Me dirigí hacia unas escaleras que estaban apostadas no muy lejos de donde me encontraba. Empecé a bracear lentamente, ya que ese pequeño dolor era un tanto molesto.

Al llegar, comencé a subir las escaleras. Asomé un poco la cabeza para asegurarme de que toda la zona se encontraba despejada y, efectivamente, así era. No había personal custodiando la entrada de la nave; al parecer, el lugar se encontraba vacío.

Entré para echar un vistazo y me llevé una grata sorpresa: me topé con una montaña formada por bolsas de lo que parecía ser heroína. Diría que había suficientes kilos como para tumbar la ciudad.

Estaría bien hacerle un regalo a Alex. Saqué un mechero del bolsillo derecho de la chaqueta, cogí una tela del suelo, le prendí fuego y la lancé a la montaña de heroína. Salí por la puerta principal de la nave y me quedé observando cómo ardía.

Nos veremos pronto, Alex.

Capítulo 13: Arde

Es hora de volver al piso franco; la verdad es que necesitaba una ducha urgente y cambiarme de ropa. Tenía una pequeña habitación alquilada en un hotel a las afueras de Skid Row. Su nombre era un tanto peculiar: así pues, se llamaba *El Estampado*, un buen lugar para pasar desapercibido.

Fui hacia la colina en busca de mi coche, pero esos malnacidos lo quemaron. Ahora tendré que buscar otro para llegar al hotel. Al salir del embarcadero avisté un coche rojo, lo que parecía ser un BMW Serie 3. No había personas cerca de la zona; tenía vía libre para llevármelo. Forcé la cerradura, me senté en el asiento del piloto, manipulé los cables y conseguí arrancarlo. Entonces puse rumbo al hotel.

Tras cuarenta minutos de trayecto llegué a mi destino. Guardé el coche dentro del garaje que disponía el hotel, el cual, por un dinero discreto, me habían facilitado rigurosamente. Ya una vez dentro, le cambié la matrícula, aunque por aquí la ley escasea; es mejor prevenir por si acaso.

Subí las escaleras y llegué a la habitación número cuarenta y cinco. Creo que el personal de limpieza se va a enojar bastante, debido a que dejé tanto el pasillo como las escaleras, es decir, muy sucios.

Al salir de la ducha me dirigí hacia el armario, abrí las puertas de par en par y de él saqué un traje negro, con una camisa azul oscura y unos zapatos de vestir, a la vez tácticos, de color negro. Me senté enfrente del ordenador e introduje toda la información que había recopilado. Me llevé las manos a la nuca, hice un ligero movimiento hacia la derecha, incliné la silla hacia atrás y me quedé observando la pared.

En ella se podían observar las imágenes y la información que he ido recopilando todo este tiempo. Todo ello me llevó al encuentro con Alex y mi nueva misión era comprobar que Katrina se encontraba en el local Pétalos.

Fui en dirección al garaje y, como era de esperar, el personal de limpieza se encontraba limpiando el estropicio que había preparado. Proseguí mi camino y llegué a alcanzar a escuchar los insultos a gritos de pulmón que estaba recibiendo por ellos.

Llegué al Pétalos y me posicioné en una esquina a esperar a que cayera la noche. No quedaba mucho para ello, ya que el atardecer había llegado a la ciudad y era magnífico.

No había rastro de Alex, pero eso no significaba que no se encontrara en el interior. Uno de los coches que salió del embarcadero llegó a la zona del aparcamiento; de él se bajaron las chicas que habían secuestrado y, del asiento del copiloto, se había bajado nada más y nada menos que nuestro amigo Cicatrices.

Tengo que llevar cuidado si no quiero que me descubran al infiltrarme. Entonces la noche cayó sobre mí y era hora de ponerse en acción.

Salí del coche en dirección a la parte trasera. En ella había un contenedor de basura, el cual iba a utilizar para impulsarme y escalar por el canalón hasta llegar a la ventana del piso superior, donde una persona se encontraba fumando. Lo más seguro es que se tratara de uno de los vigilantes del interior del local.

Me agarré a la ventana y entré por ella. El olor a depravación estaba por todos los rincones. Había varias habitaciones alrededor del pasillo y en ellas se escuchaban gritos de lujuria; más de uno se estaría montando una buena fiesta.

En una de las puertas del fondo colgaba una placa en la que estaba escrito *Prohibido la entrada*. Me acerqué a ella disimuladamente y forcé la cerradura para entrar. Ya dentro, cerré la puerta como estaba antes para no dejar ningún rastro.

La habitación estaba formada por un escritorio, dos armarios —uno de los cuales contenía ropa y el otro estaba formado por documentos y libros de cuentas del establecimiento—. Había una ventana, la cual estaba rodeada por flores; eran unas rosas en muy buen estado. Quien fuera que estuviera en esta habitación tenía mucho cuidado en cuidarlas. Y, por último, de la pared colgaba una pantalla donde se podía controlar al personal por las cámaras de vigilancia.

Eso significaba que me habían grabado al recorrer el pasillo. Ha sido un gran fallo por mi parte; tengo que encontrar esa grabación y eliminarla.

En el escritorio había un ordenador. Cogí la silla y me senté en ella; empecé a investigar su contenido. La información mostraba las ganancias de cada mes del local y era una barbaridad: el número de chicas por el cual estaba formado el Pétalos, entradas y salidas del personal…

Encontré la sección de grabación de las cámaras y ahí se encontraba la grabación en la que se me ve ir a hurtadillas. ¿Cómo he podido tener semejante fallo? Mi maestro no estaría contento.

Entonces, cuando iba a apretar el botón de borrar, unas pisadas retumbaban tras la puerta. Por el sonido se apreciaba que eran unos tacones. Fui sigilosamente hacia el armario de la ropa y me metí dentro de él.

La puerta se abrió rápidamente y por ella entró una mujer cargada con carpetas en los brazos y, a la vez, iba hablando por el manos libres.

La mujer tenía una belleza inigualable. Tenía puesto un vestido azul alargado; de su cuello colgaba un collar de pequeños diamantes y de su muñeca izquierda colgaba una pulsera de plata. El pelo lo tenía largo, de color castaño claro, que me recordaba al otoño. Con esos ojos marrones oscuros que inundaban mi pecho, unos labios carnosos con pintalabios de color rosa y una cicatriz que no pasaba desapercibida…

Espera un momento, esa marca me es familiar. No me digas que es ella… Por fin te he encontrado, Katrina.

Una lágrima se deslizaba por mi ojo derecho y la respiración me iba a mil por hora. Todavía no podía creerlo. Me sentía totalmente petrificado. Quería moverme, pero mi cuerpo no reaccionaba. Han pasado varios años, tantas cosas que explicar que no sé por dónde empezar. Alguien tocó la puerta.

—Señora, los invitados la están esperando —un hombre con barba alargada y un traje de camarero, con un rostro impaciente, entró en la habitación.

—Bajaré al salón principal en cinco minutos. Denle a nuestros invitados el mejor champán de la casa.

Sin titubear, su forma de hablar era firme y precisa. El camarero salió de inmediato y cerró la puerta sin decir ni una sola palabra.

Se acercó al ordenador y tomó asiento. No llegaba a alcanzar a ver qué es lo que estaba mirando en el ordenador. Su expresión era de sorpresa; se llevó la mano derecha a la boca, era como si algo la hubiera sorprendido.

—No puede ser posible —murmuró, con los ojos abiertos como platos.

Entonces un golpe sonoro retumbó en la habitación. Habían vuelto a tocar la puerta.

—Ahora mismo bajo —gritó mirando hacia la puerta.

Regresó la mirada a la pantalla del ordenador e hizo un movimiento rápido con el teclado, apagó la pantalla y salió a toda prisa por la puerta.

El lugar no era seguro, más sabiendo que una fiesta se está llevando a cabo en el salón principal. Tenía que salir rápidamente de aquí. Abrí las puertas del armario y eché de nuevo un vistazo para ver si encontraba una salida, debido a que ya no podía utilizar la puerta de entrada; no era una buena idea hacerlo.

Entonces me di cuenta de que en el techo se encontraba un conducto de ventilación y esa iba a ser mi salida.

Acerqué la silla que se encontraba junto al ordenador, me subí encima de ella y quité la tapa del conducto. De un salto me introduje dentro de él y coloqué la tapa en su sitio para no levantar sospechas. Me arrastré por el conducto hasta dar con una salida y me topé con los baños de los hombres. Ya encontré mi salida.

Bajé por el conducto y alguien entró por la puerta. Por el reflejo del espejo, mientras me lavaba las manos disimuladamente y esa persona orinaba, me percaté del tatuaje de su cuello, el cual me era bastante familiar. Lo había visto antes, pensé. Era Escorpión. Iba tan bebido que no creo que fuera capaz de reconocer ni a su propia madre.

Se acercó con paso tambaleante mientras hablaba por lo bajo. Era incapaz de entender lo que decía y su mirada se cruzó con la mía.

—¿Se puede saber qué es lo que miras tanto?

Se dirigió a mí mientras me golpeaba el pecho con su dedo índice de la mano izquierda. Le observé detenidamente, pero no quise articular palabra.

—Espera un momento… a ti te conozco. Eres aquel borracho vagabundo del bar, aunque ahora mismo estás irreconocible. ¿Qué ha pasado, te ha tocado la lotería? Vas muy elegante. ¿Qué te parece si, por salvarte el culo la otra vez, me devuelves el favor? Como te habrás dado cuenta, mi ropa está algo desgastada, a la vez que manchada de vino. Tenía en mente intercambiarme la ropa contigo, dado que ya estás acostumbrado a ir con la vestimenta sucia.

Entre risas seguía golpeándome el pecho.

Clavé mi mirada en sus ojos, cerré el puño de la mano derecha y le golpeé por debajo de las costillas. Se tambaleó hacia atrás. Me incliné hacia él, colocando el pie derecho adelante y el izquierdo hacia atrás, y con el puño de la mano izquierda le golpeé en la parte superior de la cabeza, en el lado derecho. Antes de que cayera al suelo, le agarré del cuello con las dos manos y le lancé por los aires contra el espejo, el cual se rompió en trozos muy pequeños.

El cuerpo cayó al suelo. Me agaché para comprobar si tenía pulso, pero lo había perdido del todo: estaba muerto.

Me apresuré a esconder el cadáver en uno de los servicios. Tenía que darme prisa, ya que el ruido no había pasado desapercibido.

Al esconder el cuerpo en el servicio, alguien entró por la puerta. Por un espacio de la puerta, la cual no estaba cerrada del todo, observé que se trataba del camarero que fue en busca de Katrina.

—¿Qué demonios ha pasado aquí? Voy a avisar enseguida a seguridad —se le veía conmocionado por la escena.

—No vas a ir a ninguna parte.

Le cogí por la espalda, aplicando la llave del mataleón, con la cual le mandé a dormir.

Se me había ocurrido una idea: ponerme su ropa para hacerme pasar por un empleado más. Escondí su cuerpo con el de Escorpión. Pobrecillo, se va a llevar un gran susto cuando se despierte.

Una vez cambiado, salí por la puerta como si nada hubiera pasado, bajé las escaleras y fui de camino a la cocina, donde había una salida por la parte de atrás del local.

—Voy a tirar la bolsa de basura, será un momento.

El personal de la cocina se quedó un tanto extrañado observándome.

Agarré la bolsa y continué mi camino hacia la puerta. El plan estaba dando resultado. Al salir, bajé unos escalones, solté la bolsa y me mezclé en la oscuridad para volver al hotel.

Entonces una voz que pronunció las palabras de mi nombre cortó el silencio.

Capítulo 14: El reencuentro

—¿Hayden, eres tú? —esta vez me quebrantó el alma.

Me giré muy despacio, con la mirada perdida en el suelo. Levanté la vista y crucé mis ojos con los suyos. Katrina se llevó la mano izquierda a la boca y la derecha la pasó sobre su pecho. Las lágrimas se deslizaban lentamente desde sus ojos, en los cuales se podía apreciar el reflejo de la luna.

—Si realmente eres tú, da un paso hacia adelante y sal de las sombras.

En sus palabras se notaba la tristeza.

Di un paso hacia adelante y Katrina se apretó muy fuerte el pecho. Cogió aire profundamente y lo soltó.

—Siempre tan escandalosa… y pesada. Hay cosas que nunca cambiarán.

Me iba acercando poco a poco a ella, con una media sonrisa que me estaba costando mostrar, ya que aún no sabía cómo iba a actuar.

—Te equivocas. Sí hay cosas que cambian.

Noté furia en sus palabras y, de pronto, comenzó a correr con una mirada fría hacia mí. Lo primero que hizo al llegar fue golpearme con un manotazo con la mano derecha en la cara. Se notaba que en este tiempo había cogido más fuerza. De seguido me golpeó el pecho sin control. Predecía cada movimiento que realizaba, pero no tenía intención de moverme. Por un lado, entendía esa furia desatada y tenía que desahogarse. No consigo llegar a imaginar por el infierno que habrá tenido que pasar.

—¿Cómo fuiste capaz de dejarme sola? Me abandonaste de un día para otro. ¿Sabes lo sola que me he sentido todo este tiempo? ¿Las veces que he querido quitarme la vida? No puedes imaginar el dolor que he llegado a sentir, tanto física como mentalmente.

No paraba de darme golpes y cada palabra suya me atravesaba el pecho. Dolían tanto como balas.

En aquel momento la acerqué a mí y la abracé fuerte contra mi pecho. El silencio se apoderó de ese instante. La respiración de Katrina comenzó a relajarse. Las lágrimas que brotaban de sus ojos chocaban con mis mejillas; se sentían realmente frías. Su pelo se envolvía con mi rostro, se sentía cálido y daba placer. Pero no todo era tan bonito: de un empujón me apartó de ella y sus ojos brillosos hablaban un idioma, el idioma de la decepción y la tristeza.

—Tendrás que darme varias explicaciones del porqué no has regresado antes en mi busca.

Su expresión mostraba desconcierto en cada palabra.

—Te daré todas las respuestas que necesites, solo que ahora mismo he de irme.

Apreté los puños fuertemente; la rabia me estaba consumiendo.

—Espera un momento… eso significa que no has venido a por mí.

Arqueó una ceja con una mirada furtiva.

—He venido en tu busca, pero aún no podemos irnos. De ser así, Alex y toda la ciudad se nos echarían encima. Tengo un plan, que es acabar con ellos. Estoy acabando con cada célula que manejan en esta ciudad. Sé que Alex no actúa solo y he de descubrir quién es el verdadero Rey. Está claro que Alex es solamente un peón más. Te prometo que volveré a por ti. Jamás te abandoné, Katrina, y nunca lo haré. Toma este móvil de prepago: solo tiene un número al que podrás llamar, y es al mío. Estaremos en contacto.

Me di la vuelta y proseguí mi camino con paso lento.

—Hayden, quiero que sepas una cosa: jamás te he odiado, nunca lo olvides.

Esas palabras inundaron cada parte de mi corazón.

—Katrina, quiero que sigas luchando como has hecho hasta ahora. No te rindas nunca y ten por seguro que esto terminará pronto. Pagará cada uno de ellos todo el mal que han proclamado. Volveré en tu busca.

Alcé mi brazo izquierdo y golpeé una pared que tenía cerca de mí. Seguí caminando con la mirada al frente y solo podía pensar en acabar con la maldad de esta ciudad. Alex, el sufrimiento que has ido sembrando cada día… te aseguro que terminará con tu patética vida.

Es momento de regresar a la guarida. Demasiadas emociones fuertes por el día de hoy. También necesito descansar para poder estar al máximo nivel para la misión. He recabado bastante información, pero no la suficiente. ¿Quién será la persona que maneja todo? ¿Cuál será su escondite? Tengo que cambiar el rumbo, hay algo que se me escapa. He estado yendo detrás de los sicarios de Alex. Tal vez ya es hora de que empiece a investigar a la serpiente; así, tal vez, me lleve hasta su amo.

Puede que me arrepienta de lo que he hecho, pero le he colocado un micrófono a Katrina en aquel abrazo que nos dimos. De ese modo podré averiguar más sobre Alex. Espero que no la pillen, porque, si no, por mi culpa estará en serios problemas. No me quedaba otro remedio. Si se lo llego a decir, su comportamiento no sería como el que ha estado teniendo hasta el momento; entonces sospecharían de ella y sería mucho peor. No está preparada para este juego de espías.

Al llegar al escondite fui directo a la nevera y de ella saqué una botella de agua fría, junto a unos fideos instantáneos que calenté al momento. Me senté frente al ordenador y esperé durante dos horas, hasta que por fin Alex llegó en escena. Estaba hablando con Katrina.

—¿Se puede saber dónde te habías metido? Al parecer el personal ha tenido la sensación de que has estado actuando de forma extraña y que saliste un buen rato afuera en tu horario de trabajo. ¿No me estarás ocultando nada, verdad? Ya sabes qué es lo que ocurre cuando la gente me engaña.

—La gente debería meterse mejor en sus propios asuntos que en estar vigilando a su jefa, ¿no te parece? Salí un momento a por algo de comer. Sabes perfectamente que detesto la comida que se da en este lugar, por no decir que prefiero llenar mi estómago en un sitio donde no me den ganas de vaciarlo.

—En eso tienes razón. Vaya, hacía tiempo que no te veía sonreír. Es bastante extraño, pero reconfortante a la vez. El tema que tenemos que tratar es el siguiente: voy a ir al centro de la ciudad a reunirme con el gran jefe. Mañana, a las 12:00, hemos concertado una cita para comer y tratar asuntos importantes. Nos encontraremos en el restaurante Meliat, en la calle Drago. Por si llega a ocurrir algo en mi ausencia, ya sabes dónde encontrarme, aunque dejándote a ti al mando seguro que todo va a ir como la seda.

—Puedes contar con ello. Me encargaré de que el local siga funcionando como hasta ahora.

—¿Ves, Katrina? Así es como este camino ha de seguir: tú y yo siendo un equipo. Espero que sigas dándole vueltas a la proposición que te hice. Aunque no lo creas, todavía sigue en pie. Ahora me voy a ir a dormir y tú deberías hacer lo mismo; ya ha sido un día muy largo.

—Sí, voy a terminar de organizar el papeleo y me iré a dormir. Hasta mañana, Alex.

Perfecto, ya sé la hora y el lugar del encuentro de esos dos malnacidos. Será mejor que deje el equipo preparado para mañana. El tiempo apremia y no hay que perder ni un solo minuto.

«—Hayden, Hayden, despierta, es hora de entrenar.

Esa voz aguda otra vez, como un pájaro en la oreja. Estaba agotado, necesitaba descansar; este entrenamiento estaba acabando conmigo.

—Sí, maestro… cinco minutos más y me levanto —susurré mientras me movía de un lado a otro en la cama.

—Cinco minutos más serían cinco minutos más perdidos, o he de recordarte de nuevo todo lo que has ido perdiendo hasta tu llegada a mí.

Ese viejo otra vez increpándome, pero no voy a perder los papeles.

—Está bien, está bien, ahora mismo me pongo en pie.

Fui al baño y me lavé la cara con agua fría. Me observé en el espejo y ya estaba listo para otro día de infierno con Jackson. Jackson fue la persona que me acogió después del accidente con el coche de policía. Era un veterano militar retirado que vivía a las afueras, en el bosque, aunque, hasta el día de hoy, no comprendo por qué decidió acogerme. Según él, es porque ve algo en mí.

Ha pasado un largo tiempo desde que comenzó mi entrenamiento, el cual se basaba en la escritura, el estudio, el entrenamiento físico para fortalecer mi cuerpo, el entrenamiento mental para poder sobrellevar cualquier situación, un entrenamiento en combate que me ayudara a llevar a cabo mis objetivos, una preparación en el ámbito de explosivos y ser capaz de manejar cualquier tipo de arma, sea de fuego o de mano. Aunque mis armas favoritas, por así decirlo, son la pistola Mk 23 Mod 0, el fusil de asalto M4 y el cuchillo de combate tradicional KA-Bar.

Salí fuera de la casa y fui hacia el campo de tiro. En él se encontraban varios maniquíes como si fueran objetivos, con los cuales podía practicar mi puntería. Tomé el fusil de asalto, cogí aire profundamente, cerré los ojos por unos segundos, los abrí y comencé a disparar a cada objetivo: uno a la derecha, pegado a la pared; otro en la parte superior, apoyado en una columna; un tercero se encontraba a mi izquierda, subido a un árbol, el cual era poco visible debido a su camuflaje, pero no lo era para mí; y un cuarto que se encontraba enfrente de mí, el cual sujetaba a otro maniquí como si fuera un civil. Desenfundé mi arma de cuerpo a cuerpo y le lancé a la cabeza mi cuchillo táctico, rápido y preciso.

—Muy bien, Hayden, cada día estás progresando más rápido, pero te has olvidado de uno.

Me giré hacia mi maestro, desconcertado, y volví rápido la mirada al campo de entrenamiento. Entonces sonó un disparo, el cual impactó en mi pecho y me cubrió de pintura. Llevé la mirada hacia donde provenía el disparo y, efectivamente, me había dejado un objetivo. Más arriba de donde se encontraba el maniquí en el árbol, se encontraba uno más, camuflado, con un fusil de francotirador. En este caso era un fusil de pintura; de ser de verdad, estaría ahora mismo muerto.

—Nunca des por terminada la misión si no has comprobado bien el terreno. El enemigo puede seguir ahí fuera y ser terriblemente letal y, llegado el momento, no podrás contarlo si no agudizas bien tus sentidos y eres capaz de controlar la situación. Nunca lo olvides.

Al escucharle hablar me hacía pensar que aún cree que sigue en la guerra. Muchas noches he podido escuchar cómo grita el nombre de sus compañeros caídos en combate, aunque no quiere hablar de ello.

—Sí, maestro, lo tendré en cuenta.

Me acerqué hacia él para mostrarle mis respetos y me dio una palmadita en la espalda.

—Vamos a desayunar, muchacho. No puedes estar al cien por cien con el estómago vacío.

Una sonrisa salió de su rostro.»

Desperté de aquel sueño entre sudores. Una vez más, mi maestro vino a recordarme que no puedo fallar. Desde que murió, llevado por el cáncer por fumar, ahora me persigue en sueños. Le avisé de que tenía que dejarlo, pero su respuesta era siempre la misma: «Muchacho, he visto mucho mundo, tanto cosas buenas como malas. Ya no me queda mucho en este mundo. Lo único que puedo dejarte es mi sabiduría, mis habilidades, para que con ellas libres la guerra que tienes encima».

Al ver que se estaba acercando la hora del encuentro, decidí ponerme en marcha. Para la ocasión de hoy me vestí con una camisa azul, unos vaqueros de color negro, con un cinturón de combate en el cual llevaba escondido un cuchillo, junto a unas botas de color marrón. Agarré una pistola que llevaba incorporado un silenciador, por si la situación me obligaba a usarla.

Al llegar al lugar entré en un bar que se encontraba al lado del restaurante, en el cual me pedí un refresco y una hamburguesa con beicon y queso. Me senté en la terraza, con visión directa al restaurante. Ya había llegado la hora del encuentro y no había rastro de Alex. Intenté dar un repaso a las personas que se encontraban dentro del restaurante por si alguien tenía pinta de sospechoso. Todas las personas que se encontraban dentro del local llevaban una vestimenta bastante adinerada; era difícil averiguar quién sería el jefe. Podría serlo cualquiera.

La verdad es que había una pareja que me había llamado la atención, pero más bien era por la mujer que estaba sentada frente a aquel hombre trajeado hasta la médula y con guantes de cuero de color negro. Me resultaban un tanto familiares, como si nos conociéramos de antes. Aunque ahora que lo pienso, esa mujer tenía unos lunares que me eran conocidos. Vestía una falda de color blanco, con botas altas marrones y una camisa de color negra.

Después de degustar la hamburguesa, de la nada apareció Alex y, al parecer, llegó tarde a la reunión. Fue directamente hacia la pareja y se sentó con ellos.

—Llegas tarde, Alex —dijo el hombre con el ceño fruncido.

—Disculpa, me encontré con un tráfico que no esperaba.

El hombre asintió con la cabeza.

—Por lo que veo, los negocios están prosperando. Sigue así y tendrás un puesto en mi mesa.

—Sí, señor. El negocio de venta de coches deportivos y clásicos cada día crece más.

La forma en la que se hablaban y las miradas que se echaban el uno al otro me daba la impresión de que la mujer no estaba al corriente de los verdaderos negocios de su acompañante.

—Aunque he oído por ahí que hay un nuevo competidor que te está dando problemas, y darte problemas a ti significa que se los da a mi negocio, y eso, como comprenderás, es inadmisible. Tengo entendido que ese competidor es alguien del pasado, del cual me habías asegurado que jamás tendríamos noticias suyas y, al parecer, ese fantasma del pasado ahora está rondando por mi ciudad.

Se notaba en sus palabras que hablaban sobre mí y era cierto que sus negocios ahora mismo corrían peligro.

—No tiene de qué preocuparse, jefe. Lo tengo todo controlado —dijo Alex con seguridad.

—Lo sé, mi querido amigo, por eso confío en que te encargarás de ello. Y, por favor, puedes tutearme; llevamos mucho tiempo juntos en esto. Llámame Cole.

No me jodas… esto sí que no me lo esperaba para nada. Mierda, se me cayó el refresco al suelo y las miradas se clavaron en mí, aunque ellos dos no se percataron de nada. La mujer sí lo hizo.

Me fui directo al baño a limpiarme una pequeña mancha que se encontraba en mi pantalón. Entonces la puerta del baño se abrió y la voz de una mujer resonó por todo el baño, dirigiéndose a mí.

—Tengo la impresión de que esa mancha será difícil de quitar, al igual que las manchas que se quedaban en tu camiseta cada vez que comías espaguetis con salsa de tomate. Eras tan torpe que siempre acababas cubierto de salsa.

Dijo la mujer mientras se le escapaba una risita.

—Habló la persona que no era capaz ni de pelar una manzana. Te recuerdo que te gustaba sin cáscara y ya me llamabas a mí para que me encargara de pelarte la fruta.

Me dirigí hacia ella arqueando una ceja.

—Ha pasado mucho tiempo, Hayden, desde la vez que…

Su mirada se fue hacia el suelo.

—Desde la vez que no confiaste en mí y me entregaste a los lobos. No te preocupes, no te guardo rencor, pero no confío en ti, y menos con la persona que va de tu lado.

Hablé sin tapujos.

—¿Te refieres a Cole? Ahora estamos juntos, pero puedo asegurarte que ha cambiado mucho, ya no es el chico de antes.

Se le escapó una pequeña sonrisa.

—Eso es lo que tú te piensas, pero puedo asegurarte que no es la persona que tú crees. Aunque, por la sonrisa que llevas de oreja a oreja, sé que no vas a creerme, como la última vez.

Hablé con una voz un tanto enfadada.

—Sonrío porque llevo mucho sin saber de ti. He llegado a pensar que habías fallecido, debido a que nos enteramos del accidente que tuviste cuando ibas de camino con aquel agente de policía. La última información que escuchamos es que el chico del coche había desaparecido.

Tenía un rostro de tristeza.

—Tampoco es que salieras a buscarme ese día, ¿no es verdad?

Entonces se abalanzó hacia mí, alzó la mano derecha y quiso golpearme la cara. Levanté mi brazo, le agarré la muñeca y se la bajé hasta la cintura.

—Esto ya no es como cuando éramos críos. No vuelvas a levantarme la mano.

Le lancé una mirada feroz.

—No sé qué llegó a pasar realmente ese día. Éramos unos niños y no pensaba con claridad. Lo único que puedo decirte es que me alegro de verte. Tenemos muchas cosas de las que hablar.

Dijo con una sonrisa.

—¿El bocazas de tu chico te dejaría juntarte conmigo? Lo dudo mucho. Y, a ser posible, no le cuentes que me has visto. Es más, mi consejo es que deberías alejarte de él. No te conviene, y ya te lo dije en su momento.

Se acarició el pelo mientras me miraba.

—Eso lo dices porque sigues sintiendo algo por mí, ¿verdad?

Dijo con picardía y yo me sonrojé.

—No digas tonterías, eso jamás ha sido así.

Nunca me había parado a pensar en ello.

—Bueno, Hayden, voy a regresar con Cole. Este es mi número de móvil; si decides que hablemos, ya sabes dónde llamarme. Por cierto, podrías ir a visitar a mamá. Diles a los de la residencia que vas de mi parte. La residencia se llama «Siempre Unidos» y la encontrarás cerca del parque Milton. Me alegro de verte.

Se alejaba lentamente. Entonces se giró, cruzó sus ojos con los míos y me guiñó un ojo. Salió por la puerta sonriente.

Después de estar unos minutos mirando la puerta, volví en mí mismo y me di cuenta de que ya era hora de ir a descansar. Han sido muchas emociones juntas en un día. Al parecer, el destino está haciendo de las suyas, aunque no se sabe cómo va a terminar toda esta situación. Katrina, a merced de un loco despiadado, y María no sabe en qué mundo se está metiendo. Esto me está dando dolor de cabeza, pero he de mantener la cabeza fría y concentrarme.

Capítulo 15: Alas de sangre

Katrina.

Desperté de un salto de la cama y me senté a la orilla de ella. Me agarré de las rodillas, ya que me sentía temblorosa después de la pesadilla que he tenido; ha sido muy desagradable. En ella presencié la muerte de Hayden a manos de Alex. Después de una dura pelea a cuchillo, Alex terminó por rajarle el cuello y, por si fuera poco, después de ello cogió su cabeza y la lanzó a unos perros mientras reía a carcajadas. Pero bueno, solo ha sido un sueño y una no debe fiarse siempre de ellos.

Ya es hora de levantarse. He de ir a una reunión con una mujer que se llama Elena, la cual quiere presentarnos un proyecto para vincularnos a su negocio de hoteles. Por lo que tengo entendido, tiene la intención de abrir uno aquí, en Skid Row, aunque por mi parte no se lo recomendaría. Por otro lado, tengo la impresión de que Alex tiene otras intenciones para con el hotel.

Ya ha llegado mi taxi. El encuentro tendría lugar en una de las zonas más pobres de Skid Row, donde vivían familias de las cuales se suelen aprovechar, debido a que hacen cualquier cosa para sobrevivir. Son familias de buena fe, pero en ocasiones no les queda más que ceder a distintos abusos, tanto físicos como psicológicos. Estaría bien que alguien hiciera algo por ellos en vez de aprovecharse de esa manera, al igual que hace el terror de Alex con ellos.

Bueno, ya hemos llegado. Le quise pagar al conductor del taxi, pero se negaba a ello, ya que sabía que trabajaba para Alex. De todas formas, le pagué religiosamente, ya que a mí no me parecía bien aprovecharme de ello. Observaba a mi alrededor la tristeza y decadencia que había cogido este lugar con el paso de los años. Me dolía el corazón y sentía una gran impotencia por no poder hacer nada al respecto.

A lo lejos se acercaba una mujer con unas gafas de sol de color negro, que le rodeaban el cuello, un vestido de cóctel de color azul y unos tacones de color blanco. Tendría que ser la mujer con la que he de reunirme.

—Hola, buenos días. ¿Katrina? —dijo con firmeza mientras me ojeaba de arriba abajo. Era como si me estuviera analizando, y puso cara de sorprendida.

—Sí, esa soy yo, y tú debes de ser Elena, ¿verdad? —dije con la misma firmeza en mis palabras que ella. ¿Qué se había creído, que soy inferior?

—Para ser la compañera de Alex pensé que tendrías mejores gustos —dijo con prepotencia.

—¿Perdona? ¿De qué conoces a Alex? —le dije, arqueando una ceja.

—No es de tu incumbencia, pero, si tanto lo deseas saber, se podría decir que tuvimos un pequeño encuentro hace unos meses en una pequeña fiesta del gran jefe —dijo mientras se rizaba el pelo.

Ya sé de qué fiestas habla. Varias veces Alex me dejaba al cargo para escaparse a ellas; según él, era donde se iban a hacer los negocios, y ya veo qué tipo de negocios hacía en esas fiestas.

—Si no te importa, tengo bastantes cosas que hacer, como tener que aguantar a una niña malcriada como tú, y si he venido es porque él me lo pidió —le dije mientras cerraba mi mano derecha en forma de puño detrás de la espalda. Será imbécil; tenía unas ganas enormes de borrarle esa sonrisa de la cara.

—Perdona, pero te aseguro que he recibido una mejor educación que tú, más que todo porque, a diferencia de ti, yo sí he tenido unos padres —dijo con superioridad.

Este Alex, por lo que veo, le ha estado contando parte de nuestras vidas. Será idiota, pero bueno, no tengo que rebajarme a su nivel. Son negocios, nada más.

—Tengo prisa, así que vayamos al grano. ¿Cuál es tu propuesta? —le dije con un bostezo. Esta mujer ya me estaba aburriendo.

—He de suponer que ya estarás al corriente de que quiero abrir un hotel en Skid Row. Lo que quiero que le transmitas a Alex es que acepto sus condiciones para poder montarlo. Dile también que la cantidad de dinero que propuso se le hará una transferencia a la cuenta que me dijo. Pero yo también tengo una condición, y es que venga a verme a la habitación 211 del Mirador Blake mañana por la noche, a las 22:00, y es ahí cuando cerraremos el trato. Y, por cierto, exprésale que estoy ansiosa de estrechar lazos con él. Una cosa más: cómprate algo mejor para vestir, aunque la elegancia es un lujo que no todos nos podemos permitir.

Me miró arqueando el ojo izquierdo, junto a una sonrisa, y me lanzó un beso como propina.

De camino al club Pétalos le iba dando vueltas a la cabeza a todos los últimos acontecimientos vividos en tan poco tiempo. Tantas cosas en las que pensar y tantas cosas que hacer, aunque ahora mismo, la verdad, lo que me apetece es echar un trago para poder despejarme.

Al entrar al club fui directa a la barra, cogí una copa de cristal de tamaño medio, agarré una botella de vino blanco y subí directa al despacho. Coloqué un cartel en la puerta por fuera, en el cual ponía "prohibido molestar", y cerré la puerta con llave. Me senté en la silla, descorché la botella y me serví una copa hasta arriba de vino, y lentamente me llevé la copa a la boca para tomar un buen trago. Se sentía bastante bien.

Pasada una hora, después de analizar cada punto, llevé la vista a las cámaras para comprobar que todo estaba en orden, pero entonces me llevé una sorpresa. En una de las habitaciones, una cara que no era conocida me llamó la atención. Al parecer era una chiquilla que se encontraba sola en una de las habitaciones; esa chica nunca la había visto en el club. Para mi impresión, no tenía la edad suficiente para estar aquí. Se encontraba sentada en el suelo con las rodillas cruzadas, y entonces un hombre de cuerpo obeso entró por la habitación, se sentó en la cama y comenzó a llamar a la chica.

Aquí hay algo que no me huele bien, así que decidí ir a comprobar qué es lo que estaba pasando en esa habitación.

Agarré la botella y me la llevé conmigo. Llegué a la habitación y golpeé dos veces la puerta para que se abriera, y no obtenía respuesta.

—Oye, gordo seboso, es la última vez que te digo que abras la puerta.

Seguía sin conseguir respuesta alguna, así que no me quedaba otra que tumbar la puerta. Coloqué una mano a la derecha y otra a la izquierda, eché el cuerpo hacia atrás, cogí impulso y con la pierna derecha tumbé la puerta, y lo que me encontré no era de mi agrado.

Efectivamente, se trataba de una menor, de unos 16 años diría yo, la cual tenía las manos atadas y un calcetín en la boca. El hombre se encontraba sin camiseta, de pie, enfrente de la cama, con intenciones de hacer alguna barbaridad.

—Oye, gordinflón, ¿estás sordo o es que esas orejas mugrientas no te dejan escuchar? Si te digo que abras la puerta, la abres y punto.

Eché un vistazo a la chica y estaba temblando de miedo.

—¿Y tú por qué no te vas a la mierda? ¿No ves que estoy ocupado ahora mismo? Pero no te preocupes, si te portas bien también habrá para ti.

Cada palabra que salía por su boca me daba más asco.

—¿Acaso sabes quién soy? —le dije seriamente, sin apartarle la mirada.

—Claro que sí, eres una presa más para mi colección —dijo mientras se acercaba a mí lentamente, con esos ojos llenos de una lujuria desagradable.

Es hora de enseñarle modales a nuestro invitado.

—¿En serio? Me gustaría ver qué es lo que tienes preparado para mí. Acércate un poco más y enséñame qué escondes —le dije con una sonrisa.

—Por supuesto.

Entonces se acercó más y más a mí, tanto que podía sentir el olor a estiércol que emanaba.

Alargó sus enormes brazos, rellenos de mantequilla, con intención de cogerme la cintura, y es ahí cuando le propiné en la cabeza la botella de vino que llevaba conmigo, la cual se partió en cachitos. Entonces el hombre se balanceó hacia atrás.

—¡Serás ramera! Lo pagarás muy caro.

Se abalanzó hacia mí con intención de propinarme un golpe en la cara con su mano derecha. Entonces me agaché y velozmente cogí un cristal del suelo, se lo clavé en el pie derecho y comenzó a gritar de dolor. Observé a la izquierda que se encontraba la cabeza de la botella; rápidamente la cogí y, en el momento en que quiso golpearme de nuevo, esquivé velozmente su puño izquierdo. Entonces le clavé la cabeza de la botella partida en el costado derecho dos veces. Se echó para atrás, llevándose las dos manos al lugar donde le había penetrado el cristal. Su cuerpo estaba a punto de caerse encima de la chica, pero yo no iba a permitirlo. Corrí hacia él y salté para empujarlo contra la pared de al lado. En ese momento cayó al suelo y se quedó sentado, con una rodilla inclinada.

Entonces me miró a los ojos e intentó articular palabra.

—¿Quién eres?

Esta vez se sentía miedo en sus ojos.

—No soy ninguna ramera, sucia bola de sebo.

Me incliné hacia él y le rajé los ojos para que no volviera a ver más, al igual que le dejé un corte en su parte íntima. Entonces alguien irrumpió en la sala.

—¿Señorita Katrina, se encuentra bien? —dijo uno de los empleados, asustado al presenciar la escena.

—Estoy mejor que nunca. Llama a seguridad y que se lleven a esta persona de mi vista inmediatamente.

Después de que el equipo de seguridad se llevara a aquel tipo, me acerqué a la chica y le desaté las manos y le quité el calcetín de la boca. Estaba muy asustada.

—¿Te encuentras bien? ¿Se puede saber qué hace una chica como tú en este sitio? Ni siquiera tienes que ser mayor de edad, ¿o me equivoco? —le dije mientras le curaba las heridas de las muñecas que le habían salido. Al parecer, al llevarlas atadas, le habían hecho sangre, junto a unas rozaduras que le habían dejado.

—No se equivoca. Tengo 16 años. Todo pasó muy rápido. Iba de camino a casa de mi tía cuando, de repente, un coche negro se puso a mi lado y unos hombres se bajaron del coche. Entonces me metieron a la fuerza en el coche, me pusieron un saco en la cabeza y me dijeron que si gritaba me meterían una bala en la cabeza, y al quitarme el saco de la cabeza ya me encontraba en esta habitación con aquel monstruo —dijo mientras señalaba el lugar donde, apenas unos minutos antes, se llevaron a aquella persona.

—¿Cuál es tu nombre, niña? —le dije con tranquilidad en mi voz, para poder calmarla, mientras le secaba las lágrimas que brotaban de sus ojos.

—Me llamo Sofía. ¿Por favor, sáqueme de este lugar? Tengo mucho miedo —dijo sin parar de llorar.

—No te preocupes, no te pasará nada. Ahora necesito que te levantes y me acompañes a mi despacho. Ahí podrás lavarte y cambiarte de ropa, y yo también.

Las dos nos encontrábamos anonadadas por lo sucedido, y yo también tenía que cambiarme de ropa, ya que estaba cubierta de sangre por ese apestoso.

Nos levantamos y fuimos en dirección a mi despacho. Le puse una toalla en la cabeza para que la gente no se fijara en ella, aunque la verdad es que los ojos se clavaban en mí, ya que la sangre envolvía mi ropa. Hasta los de seguridad tenían una cara extrañada, como si pensaran que no sería capaz de hacer algo así, pero la verdad es que hace tiempo que sé defenderme solita. Además, ese hombre se lo merecía; si llego a llegar unos minutos más tarde, sabe Dios qué clase de barbaridades podrían haber sucedido en esa habitación.

Después de que nos cambiáramos, le dije a Sofía que aguardara en el despacho y que enseguida volvía. Al salir por la puerta cerré con llave para que nadie entrara y la molestara, ya que, por más que ponga carteles en la puerta, aun así el personal sigue entrando en cuanto le da la gana. Por eso, cuando pongo el cartel, me cierro con llave por dentro cuando no quiero ser molestada.

Fui directamente al despacho de Alex, ya que quería obtener respuestas de por qué una menor se encontraba dentro del club.

Pasado un rato, Alex había llegado al club, y lo sabía debido a que el personal vitoreaba su nombre fuera del despacho. Lo que más les gustaba era hacerle la pelota, o más bien para que no les hiciera daño. En el momento en que entró por la puerta me echó una sonrisa, y fui directa a él. Alcé mi mano y le metí un tortazo en la cara que resonó en toda la habitación.

—Ya no te queda nada de humanidad. Ahora secuestras niñas y además las traes al club para que sufran los horrores de este lugar. Ya no te queda nada de piedad en ese corazón. Eres un desgraciado.

Entonces volví a alzar la mano para golpearle y me la sujetó con fuerza.

—¿Se puede saber qué haces? Has perdido completamente el juicio. Vuelve a tocarme y lo pagarás caro —dijo eufórico.

—Vete a la mierda, Alex. Eres lo más despreciable de este mundo y además me mandas a ver a una de tus chicas, y que dé gracias a Dios de que no he acabado con ella, por tus estúpidos negocios. Ya me dirás qué es lo que tramas con aquel hotel. Y ahora dime: ¿por qué has traído a una menor al club? Me dijiste que jamás harías algo así y una vez más me has vuelto a mentir —le dije eufórica.

—No tengo ni idea de qué es lo que estás hablando —dijo mientras se llevaba las manos a la cabeza.

—Qué raro, ¿no crees?, siendo el jefe y que no sepas qué es lo que pasa en tu propio local. Una cosa te digo: esa chica permanecerá conmigo y será así porque ahora tendré que explicarle que no podrá irse de vuelta con su tía, ya que ha visto las cosas de este lugar, y sé muy bien que no dejarás que salga de aquí como si nada.

Entonces fui directamente hacia la puerta para volver con Sofía.

—Te vuelvo a repetir que no sé de qué es de lo que me estás hablando, lunática.

Entonces Alex se acercó al teléfono e hizo una llamada a recepción dejando puesto el altavoz.

—Que venga ahora mismo Klaus y que venga con sus chicos. Es una orden y quiero que vengan ya.

Lo dijo mientras gritaba, tirando el teléfono al suelo.

Al rato apareció Klaus con su escolta personal, la cual llevaba todos una cara de terror en los ojos, incluida la de Klaus.

—Klaus, quiero que busques al culpable ahora mismo de quién tuvo la maravillosa idea de raptar a una menor y traerla aquí al club, y quiero que lo hagas ahora mismo —dijo muy eufórico.

—Sí, señor. A ver, malnacidos, que dé un paso adelante aquel que raptó a esa chica.

Entonces un hombre barbudo, sin pelo, de mediana estatura, dio un paso adelante.

En aquel momento Klaus se acercó al hombre, sacó una pistola que llevaba colgada del cinturón, disparó al hombre en la pierna derecha y cayó al suelo. En ese mismo instante Alex se puso encima de él y comenzó a golpearle la cara como un lunático.

—¡Alex, basta ya! A este paso lo vas a matar —le dije mientras me lancé a él para sujetarle, pero de un empujón me lanzó al suelo. Terminé sentada mientras presenciaba cada golpe que le estaba dando. Era una bestia, y el cuerpo del hombre ya no se movía. Estaba muerto.

—¡Aaaaaaaa! —Alex emitió un grito tan fuerte que debería de haberlo escuchado todo el local, al igual que el disparo.

—Klaus, que esto no se vuelva a repetir o el próximo serás tú en caer. Llevaos a esta basura de mi vista.

Klaus hizo un gesto a sus soldados para que se llevaran el cadáver y asintió con la cabeza.

—Katrina, lo siento. Como te dije, yo no he tenido nada que ver en esto. Ahora bien, esa chica será tratada como nuestra invitada, y puedo asegurarte que no le va a pasar nada. Pero, como bien has dicho antes, ya no podrá irse de este lugar, debido a que ha visto demasiado —dijo mientras se limpiaba las manos de sangre.

—Te has convertido en un monstruo, y quiero que sepas que esto que acabas de hacer no cambia nada entre nosotros. Espero que te diviertas con tu invitada, Elena. Te he dejado los detalles de la cita que tienes con ella en tu despacho.

Me incorporé del suelo, algo aturdida después del empujón que recibí por su parte, ya que me di un pequeño golpe en la nuca al chocar con la pared.

—No te metas en líos en mi ausencia.

Salió por la puerta dando un portazo. Percibí que estaba más tenso de lo habitual, aunque la verdad es que no me importaba mucho.

Es hora de ir a ver a Sofía.

Capítulo 16: El nuevo hotel

Llegó el día de la inauguración del hotel y, como colaboradores de él, teníamos que hacer acto de presencia. La inauguración sería esta tarde y, después de ello, habría una fiesta dentro del mismo, para aquellos que asistieran al evento, es decir, políticos, ricachones y gente de alta cuna. Si en aquel evento hubiera alguien que no estuviera a ese nivel, solo serían los sirvientes del evento junto a los matones.

Alex me había comprado un vestido para la ocasión, pero una cosa tenía clara: me iba a poner algo que yo quisiera, no un conjunto decidido por él. Opté por un conjunto de ropa formal, con un pantalón de unicolor y top sin mangas, con un ribete de color albaricoque, junto a unos tacones a juego de color blanco, sin llamar mucho la atención.

Unas horas antes había comprado un conjunto para Sofía para que me acompañara al evento, ya que sería una de las pocas ocasiones que podría salir de este lugar. Sé muy bien que quería verse preciosa para la ocasión. Para ella opté por una chaqueta casual de primavera/verano, de color rosa liso, con solapa, junto a una blusa blanca, unos vaqueros blancos y un cinturón blanco con la hebilla dorada. Sé que le iba a gustar, o eso espero.

—Sofía, abre la puerta, soy yo, Katrina. No tenemos mucho tiempo, tienes que prepararte.

Como noté que no abría la puerta, agarré el pomo y entré con una fuerte sonrisa, pero ella se encontraba sentada en una esquina de la cama, con los ojos llorosos.

—¿Qué es lo que te ocurre, pequeña? —le dije, mientras me arrodillaba frente a ella y le agarraba las manos; las tenía muy frías.

—Lo siento, no me acostumbro a estar aquí encerrada, en este lugar. Quiero volver con mi tía, aunque sé que no es posible.

Entonces me apretó muy fuerte las manos.

—Alégrate, tengo una sorpresa para ti —le dije con una sonrisa, aunque sé muy bien que no tenía los ánimos por las nubes.

—Cierra los ojos y, en vez de apretarme las manos, déjalas abiertas y, cuando notes algo en ellas, ciérralas para que la sorpresa no se caiga.

Le pellizqué la mejilla derecha y le puse la bolsa con la ropa en las manos. Entonces abrió la bolsa, vio su contenido y metió un salto tan fuerte en la cama que cayó de culo hacia atrás. Se levantó de un salto y corrió hacia mis brazos; todo fue tan rápido que ahora caí yo de culo.

—Veo que te gusta, y ahora ve a secarte esos ojos tan bonitos que tienes, ponte este conjunto y luego vamos a ir a bailar. Hoy lo vamos a pasar genial, ya lo verás. Elegí este conjunto para ti, ya que pega con tus ojos marrones color miel, ese pelo largo castaño que tienes suelto y tu cuerpo atlético.

Echó una grata sonrisa.

—Querrás decir mi cuerpo escuálido de pasar hambre, aunque, en el tiempo que llevo aquí, creo que he comido más que en toda mi vida. Quisiera darte las gracias por todo lo que haces por mí.

Se me acercó, me dio un abrazo muy fuerte y un beso en la mejilla. Entonces se fue corriendo al baño dando saltitos, cerró la puerta y gritó que se iba a preparar.

De camino al hotel no podía quitarme de la cabeza el pensamiento de tener que volver a encontrarme con esa engreída. Pasado este tiempo me di cuenta de que Alex estaba más tiempo con ella y a mí me estaba dejando de lado. No me refiero en sentido amoroso, sino en el sentido de que poco a poco estaba dejando de contar conmigo para los negocios, consejos sobre ellos. Es más, había llegado a tal punto que dejaba que Elena se quedara en el despacho de Alex y le permitía meter sus hocicos en los asuntos del local. Maldita niñata, le tenía un odio enorme.

Llegamos a la entrada del hotel y los escoltas nos abrieron las puertas para bajarnos del coche. Alex debería haber venido con nosotras, pero a última hora nos dijo que nos encontraríamos en la entrada del hotel. Al bajar del coche alcé la vista hacia la entrada, la cual estaba llena de gente, y cerca de Elena se encontraba Alex; daba la impresión de que era uno de sus guardaespaldas. En ese momento Alex nos avistó y empezó a caminar hacia nosotras. Entonces observé la mirada que Elena me lanzó a lo lejos; para mi impresión, era una mirada cargada de odio, a la vez que amenazadora. Volví a poner la mirada en Alex y ya había llegado a nosotras.

—He de decir que las dos estáis radiantes, aunque, Katrina, ¿dónde está el conjunto que había comprado para ti? —dijo, mientras arqueaba una ceja.

—Creo que se perdió por el camino.

Miré a Sofía y le guiñé un ojo; entonces a ella se le escapó una risita por lo bajinis.

—Ay, Katrina, espero que hoy no me des dolor de cabeza. Id dentro las dos y tomaos algo, y no hagáis nada raro que pueda perjudicarme, ¿entendido?

Dijo Alex mientras se llevaba las manos a la cabeza. Se dio la vuelta y fue hacia Elena, donde los fotógrafos les rodeaban y no dejaban de saltar los flashes de las fotos que les hacían.

—Descuida —murmuré sin apartar la vista de Elena.

—Muy bien, Sofía, es hora de ir a divertirse. Vamos por un trago, que me hace falta para tener que aguantar a toda esta gente.

—Sí, vamos ya.

Me fijé en ella y parecía contenta. Creo que se debe a que llevaba bastante tiempo sin salir del club. No te preocupes, pequeña, te aseguro que pienso sacarte de ahí y nos iremos juntas. ¿Hayden, dónde estás?, pensé para mis adentros.

He de admitir que el hotel era muy bonito, con un salón súper amplio, formado por cuarenta habitaciones. Contaba con un salón enorme formado por mesas redondas, junto a unas sillas blancas modernas. En el centro se encontraba una fuente formada por dos ángeles. También contaba con un escenario, en el cual se llevarían a cabo varios eventos, como podrían ser conciertos de entretenimiento o espectáculos para los clientes. Contaba también con una barra en forma de L, que es ahora mismo donde me encontraba con Sofía esperando a que el camarero nos atendiera.

—Disculpe, ¿sería tan amable de servirme un gin-tonic y, para mi amiga, una Coca-Cola?

Entonces Sofía me pellizcó la cadera.

—¿En serio? Yo quiero tomar algo más fuerte que eso, después de todo nunca salgo.

Se cruzó de hombros y me puso morritos.

—Está bien, solo por hoy. Póngale un ron cola, y a Sofía solamente uno, ¿de acuerdo?

Le di una palmadita en la espalda mientras nos reíamos las dos. La verdad es que, en este tiempo que llevamos juntas, tenía la sensación de que se estaba convirtiendo en mi hermana pequeña, y era una sensación agradable y gratificante.

—Bueno, voy a ir a la pista de baile, a ver si con suerte conozco a algún chico guapo.

Se fue rápido a la multitud y, a lo lejos, se la veía contenta, bailando sin parar. Eché una mirada rápida a la gente que se encontraba en el lugar y la verdad es que había muchos peces gordos. Es más, juraría que había visualizado la cara del mismísimo alcalde de Solar; cabe esperar que un corrupto más de este juego. Aunque había algo que me extrañaba, y era que Cole no se encontraba en el evento, pero sí estaba su mujer. Estaba claro que era para marcar la diferencia.

—Ya estás perdida en tus pensamientos de nuevo, eh, pesada.

Entonces alguien, mientras me hablaba, me dio un golpecito en la cabeza. Me giré para darle un guantazo, pero entonces me quedé sin respiración. Era Hayden, y estaba súper guapo.

—¿Pero qué haces aquí? Si te ve Alex, te matará.

Sentía pánico por si le hacían daño.

—No te preocupes por mí, no le tengo miedo. Además, dudo que se atreva a hacer algo con tanta gente aquí presente. Es una inauguración, ¿no es verdad? Por lo tanto, no hay problema en que deambule un rato por aquí. Además, también es una buena excusa para poder verte, ¿no crees?

Me apartó un mechón hacia un lado y me lanzó una sonrisa que invadió mi corazón. Maldito idiota, ¿desde cuándo se ha vuelto tan irresistible?, y pensar que antes era un enano cabezón que no podía estarse quieto.

—Tengo la impresión de que no solo has venido a verme, algo más tramas, ¿verdad? —le dije mientras me cruzaba de hombros.

—Ya sabes lo que dicen, nunca se sabe lo que puede ocurrir en una fiesta.

Me susurró al oído, mientras su mano derecha se deslizaba muy despacio por mi cadera. Me agarró de la cintura y me pegó a él; estábamos tan cerca que el corazón me iba a mil por hora.

—Vamos a bailar —me dijo al oído, mientras sus labios rozaban mi oreja.

Me cogió de la mano y me llevó al centro del salón a bailar. Todos los ojos allí presentes se posaron en nosotros. Las miradas eran de incertidumbre, a la vez que juiciosas, sobre todo cuando Elena se fijó en nosotros, al igual que la mujer de Cole; su mirada era mucho más penetrante que la de Elena.

—¿Se puede saber qué estás haciendo, Hayden? Estás completamente loco, pero he de decir que este momento no lo cambiaría por nada, te echo de menos.

Le dije mientras apoyaba mi cabeza en su hombro. Era una sensación tan placentera.

—Sé que hemos tenido mucho tiempo perdido, pero te aseguro que lo vamos a recuperar, tú y yo juntos, ¿recuerdas?

Sus ojos se clavaron en los míos y me acerqué más a él.

—Bueno, ahora seremos tres.

Le esbocé una sonrisa.

—¿Tres? —dijo sorprendido.

—Sí, ya te contaré, ahora disfrutemos de este momento.

Entonces me agarró de la mano, me dio un giro, entrelazamos nuestras manos y me acerqué lentamente a él. Un momento, ¿no estará pensando en besarme? De ser así, ya está tardando en hacerlo. Cada vez estaba más cerca; podía sentir el latido de su corazón junto al mío. Iba tan rápido como un cometa recorriendo el cielo. Sus labios estaban tan cerca de los míos que ya no aguantaba más esta presión en mi pecho, pero en ese preciso instante una voz irrumpió ante nosotros y, como era de esperar, se trataba de Alex. Esto no puede terminar bien.

—Mira por dónde, a quién tenemos aquí. La panda de nuevo está reunida, ¿no es maravilloso?

Dijo Alex mientras se reía, mirando a Hayden.

—Alex, por favor, aquí no —le dije mientras soltaba las manos de Hayden.

—Tú, a callar, patética, y aléjate de él ahora mismo, si no quieres tener problemas.

Entonces me guiñó un ojo mientras me tendía su mano, pero Hayden se puso delante de mí, encontrándose cara a cara con Alex. Llevé la mirada a sus manos y las estaba cerrando en forma de puño; tenía intención de golpearle.

—Si le vuelves a faltar el respeto, no habrá ni un solo matón de los tuyos que pueda pararme, y te aseguro que acabaré contigo sin dudarlo.

Dio un paso más hacia Alex.

—Tranquilo, Hayden, no querrás que todos los aquí presentes vean cómo montas un escándalo y en presencia del mismísimo alcalde. Eso no sería bueno para el negocio y para ti tampoco, ¿no crees?

Él también dio un paso hacia Hayden.

—Esto me trae recuerdos, los dos machitos probándose a ver quién de los dos es más fuerte. Cuánto tiempo ha pasado y cuánto hemos cambiado, unos más que otros.

Miré a Alex con tristeza. A lo lejos se escuchaba cómo Elena llamaba a Alex para que fuera con ella, pero él no se movía; su mirada seguía clavada en Hayden.

—Ahora tengo que irme. Disfrutad de la fiesta, quién sabe, puede que sea la última.

Con la mano derecha, Alex hizo un gesto de disparo hacia Hayden y se marchó con Elena. Al llegar a ella, le dio una copa de champán, se acercó a su oído para decirle algo y los dos, a lo lejos, se quedaron mirando.

—¿Por qué tiene que ser todo tan distinto? ¿Cuándo terminará esta tortura?

Llevé la mirada al suelo y unas lágrimas querían brotar de mis ojos, pero no podía permitirlo. Entonces Hayden me agarró de las manos y me miró a los ojos.

—Tienes que seguir siendo fuerte, no dejes que acaben contigo. Ahora me tengo que ir, pero quiero que vayas a esta dirección. Es una cabaña cerca de un lago, nos encontraremos allí en dos días. Ahora tengo que irme y, como dicen, las fiestas son impredecibles.

Se acercó a mí y me dio un beso en la frente. Se separó de mí despacio y se alejó entre la multitud. Mi cuerpo se quedó paralizado, hasta que sentí que alguien me daba un golpecito en el costado. Era Sofía. Pobrecita, ya me había olvidado de ella con toda esta situación.

—¿Estás bien? —dijo preocupada.

—Sí, claro. Venga, vamos a bailar, pequeña.

La agarré de la mano y fuimos a bailar. Lo que no entendía es por qué la mujer de Cole me seguía observando a lo lejos. Bueno, la verdad es que no me importa demasiado, que mire lo que quiera. Comencé a mirar hacia los lados para ver si había rastro de Hayden, pero no se encontraba en el lugar y, entonces, las luces del salón se apagaron y se quedaron encendidas las luces de emergencia.

Capítulo 17: Oscuridad y sangre

Hayden.

Me alejé lentamente de Katrina en dirección a la lavandería, en la cual había dejado una mochila con todo el equipo necesario para llevar a cabo mi misión. Soborné a uno de los empleados para que la dejara escondida entre las sábanas que tenían preparadas para las habitaciones. Tampoco tuve que insistirle mucho: aquí, por un puñado de monedas, la gente hace lo que sea.

Al llegar a la puerta de la lavandería se encontraba el chico al que soborné. De momento, las cosas iban bien, ya que estaba esperando para colarme a la hora exacta que le dije. Entré a la lavandería con la chaqueta que el chico me había dado para poder integrarme dentro. Avisté el lugar donde se encontraba la mochila, me acerqué y la agarré. La abrí para comprobar que todo se encontraba dentro y así era.

La lavandería contaba con un baño. Fui directo a él y, dentro, cerré la puerta, y por fuera dejé un cartel puesto: «Servicio cerrado por mantenimiento».

Me puse la ropa táctica junto a las botas. Al vestirme, me coloqué un chaleco antibalas, el cual llevaba incorporados unos cargadores para mi pistola con silenciador, al igual que un cuchillo táctico. Ya estaba preparado para comenzar la función.

Saqué el portátil de la mochila y me dispuse a piratear las instalaciones del hotel, con el fin de apagar las luces. Me puse las gafas térmicas y apreté el botón de apagar las luces. Todo quedó a oscuras.

Salí del baño de la lavandería y la gente estaba entrando en pánico por el apagón. Entonces entraron cuatro personas de seguridad.

—Que no cunda el pánico —dijo uno de los guardias.

—Señor, la señal de la interferencia del hackeo proviene de este lugar —habló uno de los guardias.

—Muy bien, que todos se pongan en fila y no se muevan hasta nuevo aviso. Los demás, quiero que hagáis un reconocimiento de la zona.

—¡Sí, señor! —gritaron los agentes de seguridad.

Tengo dos opciones: montar un escándalo o ir acabando con ellos de uno en uno. Creo que la segunda opción es mejor si quiero llegar hasta Klaus. Acaba con la cola de la serpiente y obtendrás su cabeza, es decir, la de Alex.

Saqué la pistola con la mano derecha y, con la mano izquierda, empuñaba el cuchillo. Crucé las manos, apuntando con la pistola al frente y el cuchillo por debajo de ella. Me apoyé en una esquina de la pared, esperando a que el de seguridad llegara hasta mí.

Se acercó por el lado izquierdo. Entonces, al ver cómo su pistola se asomaba, le clavé el cuchillo en la mano. Pegó un pequeño grito. Lo agarré y lo puse contra la pared. Le disparé dos veces en el costado y un último disparo en la cabeza.

—Troy, responde —gritó uno de los guardias, que fue corriendo a ver el cadáver de su compañero. Ya solo quedan tres.

—Troy ha caído, repito, Troy ha caído —dijo uno de los guardias.

—Todos con los ojos abiertos, no estamos solos aquí —gritó el líder de ellos.

Al acabar con el primero de ellos, me moví velozmente y, a la vez, sigiloso hacia uno de los armarios que tenía enfrente. Me subí encima de él y coloqué en el techo una cuerda.

Se estaba acercando otro guardia de seguridad. Entonces, al llegar hasta mí, le rodeé el cuello con la cuerda y lo levanté hasta el techo, hasta que se ahogara. Para adelantar el proceso, al tenerlo colgado me puse enfrente de él y le clavé el cuchillo en el corazón. Lo giré muy despacio hacia la derecha y golpeé el canto del cuchillo para clavarlo más al fondo. Entonces su cuerpo dejó de moverse. Otra pieza fuera del ajedrez. Ya solo quedan dos.

—Señor, Sam ha caído. Lo he encontrado colgado de una cuerda en el techo y con una puñalada en el corazón. Señor, esto es cosa de un monstruo. Tenemos que salir de aquí, no nos entrenaron para esto.

Por el tono de su voz se le notaba asustado.

—Bill, mantén la compostura. Tenemos que controlar la situación. Quiero que te reúnas conmigo en el centro de la lavandería. Ven cagando leches.

Al parecer, el líder no tenía tanto miedo.

—¡Ahora mismo voy, señor!

Vas a cometer un paso en falso, y es el de salir corriendo alterado. Esa será tu perdición.

Me encontraba debajo de un armario, justo por el pasillo que predije que iba a usar al salir corriendo. En el momento en que pasó por mi lado derecho, le disparé en cada pierna y cayó al suelo de rodillas. Comenzó a gritar de dolor y llevó su mirada al suelo. Entonces se encontró conmigo.

—No, por favor, no… no lo haga.

Demasiado tarde. Le disparé en la cabeza y su cuerpo cayó hacia atrás. Salí de debajo del armario y me incorporé.

—Bill, ¿dónde estás? Repito, ¿dónde estás?

Se le escuchaba nervioso. Entonces agarré su radio.

—Bill ya no se encuentra entre nosotros, y tú serás el siguiente.

Tiré la radio al suelo y la rompí.

—Si eres tan valiente, sal de entre las sombras y lucha como un hombre, cara a cara.

Será todo un placer.

Guardé mis armas y salí velozmente corriendo hacia él. Al llegar, salté y le lancé un golpe hacia la cabeza, el cual esquivó fácilmente. Nos pusimos cara a cara en formación de combate. Levanté los brazos a la altura de mi rostro, eché la pierna derecha hacia atrás y la izquierda hacia delante. Me fijé en la vestimenta de mi enemigo y, de su chaqueta, colgaba una chapa con el nombre de Mike.

—Será un placer terminar con tu vida, Mike —le dije, mostrándole respeto.

—¿Tu nombre es? —dijo sin apartar la vista de mis manos.

—Hayden —dije con seguridad.

—Entonces, Hayden, que gane el mejor.

Su postura de combate se tensó. La pelea iba a dar comienzo.

Se abalanzó hacia mí lanzando una patada a mis costillas. Levanté la rodilla y la paré con la tibia. En aquel momento, con la pierna le empujé hacia atrás. Fui hacia él, moviéndome de derecha a izquierda. Le golpeé en la cabeza y, de seguido, dos golpes en las costillas. Le agarré del cuello y lo tiré al suelo. Al querer pisarle la cabeza, me agarró de la pierna y se levantó con una rodilla en el suelo. Hizo tanta fuerza que me lanzó volando por los aires.

Corrió hacia mí con un cuchillo que había sacado de la hebilla de su cinturón. Para entonces ya me había puesto de pie. Comenzó a lanzar golpes con el cuchillo hacia mi abdomen. No consiguió clavarlo, pero sí rozó mi costado derecho, dejando una pequeña raja. Eso hizo que me enfureciera aún más.

Saqué mi cuchillo y lo que iba a ser un combate a puños pasó a ser a cuchillos. Me miró y, con su mano izquierda, me hizo un gesto para que fuera a por él. Y con gusto me lancé.

Con la mano derecha fui a rajarle el cuello. Entonces paró el golpe con su cuchillo y, con su mano izquierda, me golpeó en la cabeza tan fuerte que giró mi cuerpo entero. Me volví rápido y su cuchillo venía directo a mis ojos. Entonces le lancé el cuchillo al pie y se lo clavé. Fui corriendo y salté encima del cuchillo clavado en su pie. Me impulsé con fuerza y, de un salto, impacté mi rodilla contra su mandíbula. Echó la cabeza hacia atrás y, cuando su cuchillo iba a caer al suelo de su mano, lo cogí en el aire y se lo clavé en la cabeza.

El combate había terminado.

Cogí los cuerpos y los envolví en sábanas. Después de ello, los tiré por el conducto que daba al contenedor de basura de la calle. Pagué a los empleados que trabajaban en la lavandería para que se encargaran de limpiar la sangre del lugar. Las cámaras no podían haber visto nada, ya que dejé el hotel sin electricidad; las únicas luces que funcionaban eran las de emergencia.

Cogí un botiquín que se encontraba colgado de la pared, cerca del baño, y procedí a curarme la herida. Fue una pena que el ataque con cuchillo no impactara en el chaleco, ya que, aparte de ser antibalas, también es antipinchazos.

Tenía que darme prisa antes de que la luz regresara al hotel. El virus que metí en su sistema, tarde o temprano podrían terminar con él.

Antes de esconder los cuerpos, cogí una radio de ellos, en la cual se podía escuchar que Klaus se encontraba protegiendo a la reina, es decir, estaba custodiando a María. Se encontraban en la parte superior del hotel, en el despacho de la directora del hotel, de la nueva amiguita de Alex, es decir, de Elena. La he estado investigando y una de las cosas que descubrí es que se trata de la hija del alcalde, y esa información la tienen escondida para que su padre no se vea involucrado en sus negocios, y más si están ligados con la mafia de la ciudad.

Salí de la lavandería y fui en dirección a las escaleras. Tenía varios pisos que subir y no había otra vía de camino, ya que los ascensores también estaban sin energía. Abrí la puerta y comencé a subir las escaleras. Saqué la pistola y la llevaba agarrada con las dos manos.

Cuando estaba a punto de llegar a lo más alto, en las escaleras se encontraban seis guardias de seguridad. Tres de ellos estaban parados en los últimos escalones, uno más arriba que otro. Los otros tres cubrían la puerta que daría al pasillo de la última planta.

No tengo tiempo para esto.

Disparé mi arma al más cercano, en el corazón. El siguiente se giró para ver el cuerpo y lo que vio fue cómo mi cuchillo iba directo a su garganta, acabando impactando en ella. El tercero se dio cuenta y comenzó a disparar hacia abajo. De seguido, los otros tres que cubrían la puerta. Solo se quedó uno de ellos custodiándola.

Entramos en fuego cruzado. Las balas volaban por todos lados. Cerré los ojos un momento, agarré aire muy fuerte y me concentré en mis objetivos. Apunté con mi arma y disparé en la garganta al primero de ellos, el cual se llevó las manos para tapar la herida. Para acabar con su sufrimiento, una bala alcanzó su frente y cayó por el hueco que había en medio, rodeado por las escaleras.

Avancé unos pasos y apunté a otros dos de ellos. Cuatro disparos certeros en el pecho, dos a cada uno. El tercero consiguió que una de sus balas rozara mi mejilla derecha, pero no le sirvió de mucho, ya que mis balas penetraron sus brazos y su pecho.

Al llegar arriba, el último de ellos se arrodilló y tiró su arma al suelo. Pedía piedad por su vida, y yo le demostré la misma piedad que ellos dan a las personas de esta ciudad. Lo agarré del cuello y lo tiré por el agujero. Vi cómo su cuerpo colapsaba contra el suelo.

Abrí la puerta y, con el arma en las manos, me apoyé en la pared y comencé a caminar despacio por el pasillo, con el arma en alto apuntando hacia delante, por si acaso me encontraba con alguna visita inesperada.

Una puerta se abrió y salió una mujer de esa habitación. Me miró y pegó un grito, ya que voy cubierto de sangre. Al gritar, detrás de ella salieron dos hombres armados con fusiles de asalto, apuntando hacia mi dirección.

—¡Tírese al suelo ahora mismo! —le grité a la mujer.

Entonces se dio la vuelta y miró hacia el lugar donde mis ojos estaban puestos. Aquellos hombres abrieron fuego sin importarles la vida de esa mujer. Las balas atravesaron su pecho y cayó al suelo.

Avisté una puerta a mi izquierda y me lancé contra ella, tumbándola para entrar. Me puse de pie y corrí por aquella habitación. Avisté el balcón y tiré una sábana por él. Esperé a que los hombres entraran, confusos al pensar que había saltado por el balcón. Salí detrás de la puerta, corriendo hacia ellos. Choqué contra uno y salió volando por el balcón. El otro se giró rápido y, al querer dispararme, lo puse contra la valla, con su arma pegada al cuello. Con la rodilla izquierda comencé a darle golpes en las costillas del lado izquierdo. Soltó el arma y, con el codo derecho, le di en la mandíbula. Al echarse para atrás, con el puño cerrado le di en la garganta. Se tropezó hacia atrás y cayó por el balcón.

Cogí el fusil de asalto del suelo y fui corriendo al pasillo. El camino estaba despejado y solo quedaba una puerta al final de él. Corrí hacia ella y quedé apoyado en la pared. La abrí muy despacio. Entré con el fusil apuntando al frente, y a quien me encontré sentada en una silla, mirándome, era…

—¿Hayden? ¿Qué haces aquí? —dijo María, sorprendida.

—¿Estás tú sol…?

No me dio tiempo a terminar la frase. Recibí un fuerte golpe en la rodilla y caí al suelo. Alguien me agarró del cuello y me lanzó contra la pared. Alcé la vista y vi cómo Klaus venía hacia mí.

—Muérete de una vez, cabrón.

Su pierna derecha golpeó con rabia mis costillas. Noté cómo dos de ellas se rompían dentro de mí.

—¡Para, lo vas a matar! —por el rabillo del ojo observé cómo María se levantó de la silla y colocó sus manos encima de la mesa, mientras gritaba asustada.

—Esta vez no tienes escapatoria. Los jefes van a quedar satisfechos con el trabajo bien hecho.

Su pie derecho impactó contra mi mandíbula. El golpe fue tan fuerte que me dio la vuelta por completo, quedando boca abajo.

—¿Eso es lo mejor que tienes? Para ser el perrito de Alex, esperaba algo más.

Cada palabra que pronunciaba me hacía escupir sangre, pero este no iba a ser mi final.

Me giré despacio para ponerme cara a cara con él, mientras con la mano izquierda la posaba en las costillas. Aún me quedaban fuerzas para un asalto más.

Klaus vino directo a mí con una sonrisa de diablo. Quiso agarrarme del cuello con las dos manos. En ese momento, con la pierna derecha le hice un barrido y terminó tumbado en el suelo.

Me arrastré hacia él y me puse encima. Con la mano izquierda le sujetaba el hombro y con la derecha empecé a golpearle fuerte la cara sin parar, hasta romperle la nariz.

Después de ello se cubrió la cara con los puños. Al lanzar otro golpe lo paró con las manos y se impulsó hacia arriba con la cabeza, que acabó golpeando mi frente. Al caer hacia atrás se incorporó rápido, se quitó el cinturón, se puso detrás de mí y enrolló mi cuello con él. Tiró con fuerza para ahorcarme. Intenté zafarme, pero no me era posible. Se me estaban acabando las fuerzas, la visión cada vez era más escasa, sentía que estaba a punto de desmayarme.

Entonces el dolor comenzó a cesar, ya que Klaus no se encontraba detrás de mí.

Me quité el cinturón del cuello y, al girarme, me encontré a Klaus en el suelo. María le había golpeado la cabeza con un jarrón.

—Serás ramera… ¿crees que por ser la mujer del jefe no te voy a hacer nada? Estás muy equivocada. Hayden, ahora me ocupo de ti. Primero voy a enseñarle modales a esta ramera.

Klaus cogió a María del pelo y la puso contra la mesa. Tenía intención de abusar de ella, pero no iba a permitirlo. Me levanté y fui corriendo hacia él.

—¡Eh, tú!

Le grité y, en el momento en que se giró, le golpeé la nariz con el codo, aprovechando que la tenía rota. Sujeté su cuello con fuerza y golpeé su cabeza contra la mesa dos veces, dos golpes secos. Le agarré el cuello con las dos manos y, de seguido, se lo estrangulé hasta partirlo.

Las manos me temblaban debido a la adrenalina, pero la misión ha sido completada. Uno menos en la lista.

Me giré para ver cómo se encontraba María y, como era de esperar, estaba anonadada. Se sentó lentamente en una silla cercana. La observé y sentí que necesitaba unos minutos para volver en sí misma.

Ahora es cuando viene la peor parte, la de tener que explicarle lo ocurrido, aunque, visto lo visto, no sé yo si será capaz de encajar toda esta situación, y más cuando se entere de que Cole está metido hasta el fondo.

—Hayden, ¿qué es lo que está pasando? ¿Desde cuándo sabes pelear así?

Su voz era muy suave, a la vez que miedosa.

—María, hay muchas cosas que no sabes, de las cuales Cole está metido hasta el cuello. Te advertí de él y no me escuchaste. Cole forma parte de una organización criminal; más bien es el líder de ella. Klaus formaba parte de la organización, pero estaba ligado a Alex y, por lo que tengo entendido, su misión era protegerte de mí. Pero no tienes que preocuparte: mi objetivo era Klaus, y siento decirte que terminaré con toda la organización y, como comprenderás, ya sabes qué significa eso.

Le di a entender que terminaría con Cole cueste lo que cueste.

—Es mucha información que asimilar y también he de averiguar si es cierto todo lo que me dices. De ser así, he estado engañada todo este tiempo y tendría que darte más de una disculpa.

Observé cómo pequeñas lágrimas se deslizaban por sus ojos y posaba las manos en sus rodillas para calmar su temblor.

—Hayden, esa chica con la que estuviste hablando en el salón hace un rato, ¿se trataba de aquella chica de tu pasado, verdad? Si mal no recuerdo, su nombre era Katrina, ¿verdad?

Asentí con la cabeza sin apartar sus ojos de los míos.

—Sí, es ella. No hace mucho tiempo la encontré y está presa bajo el yugo de esta organización criminal. Mi promesa es que la sacaré de todo ese infierno y nadie podrá impedírmelo.

Dije mientras con la mano derecha golpeaba la mesa. Se asustó un poco.

—Por lo que me dicen tus ojos, puedo apreciar que sientes algo por ella, ¿verdad? —dijo mostrando una pequeña sonrisa.

No me dio tiempo a responder, ya que la puerta se abrió de par en par con fuerza.

Tras ella entraron varios hombres armados, acompañados nada más y nada menos que de las dos piezas del ajedrez que me faltaban por acabar.

Cole y Alex irrumpieron en la sala escoltados por aquellos hombres armados hasta los dientes. La expresión de Cole era de sorpresa al encontrarnos cara a cara, aunque sus ojos decían que ya sabía de mí. Su sorpresa era más bien simulada, ya que no contaba con que yo le hubiera contado la verdad a María. En cambio, el rostro de Alex era de satisfacción; lo más seguro es que fuera porque me encontraba acorralado en esta habitación, con pocas opciones de huida.

He de improvisar si quiero salir de aquí.

—Cuánto tiempo ha pasado, Hayden. Tenía entendido que deberías estar muerto desde hace tiempo, pero qué grata sorpresa tenerte entre nosotros. La verdad es que es una alegría que todavía sigas respirando.

Cole le echó una mirada desafiante a Alex y, después, dirigió sus ojos hacia María.

—Hola, cariño. ¿Cómo estás?

María se encontraba confusa. Se puso de pie y se colocó delante de mí.

—Déjate de «hola, cariño». Tienes muchas explicaciones que darme. ¿Desde cuándo te mueves con esos tipos? Y, por favor, no te hagas el tonto con Hayden. Sabes perfectamente que estaba vivo y nunca me lo dijiste. Me prometiste que habías cambiado, pero todo queda en simples promesas vacías.

Se giró para echarme una ojeada. Su rostro estaba lleno de tristeza.

—No sé qué mentiras te habrá contado Hayden, pero será mejor que nos vayamos ahora mismo y lo hablemos tranquilamente en casa con una buena copa de vino.

Entonces Cole dio un paso hacia delante, pero yo me adelanté y agarré a María por la espalda, posándole un cuchillo en el cuello. Todos, a la vez, apuntaron con sus armas hacia nosotros.

—Estáis todos locos. Bajad las armas ahora mismo. Hayden, aleja ese cuchillo de su cuello si no quieres terminar muerto aquí, entre todos los presentes.

Su mirada estaba llena de cólera.

—Cole, te puedes ir al infierno. Y si das un paso más, María te acompañará.

Acerqué más el cuchillo a su cuello y mis labios a su oreja izquierda para susurrarle que no tenía intención de hacerle daño.

—Que nadie se mueva. Repito: que nadie se mueva.

Se giraba de un lado a otro, comunicándose con sus guardias.

—María, no te asustes, no voy a hacerte daño. Quiero que hagas lo siguiente: ¿ves la ventana que se encuentra a la derecha? Nos vamos a acercar muy despacio hacia ella y saltaré al río que se encuentra al lado del edificio.

Le susurré al oído.

—Estás loco. Es imposible que salgas con vida con semejante caída.

—Confía en mí, todo va a salir bien. Ahora muévete despacio al ritmo de mis pasos. Puede que esta sea la última vez que nos veamos. Solo he de decirte que te perdono. No fue culpa tuya, éramos unos críos. Así que sobrevive y aléjate de todo este mal que corrompe esta ciudad. Cuídate mucho.

Le susurraba mientras avanzábamos hacia la ventana. Los de seguridad comenzaron a acercarse muy despacio y, tras ellos, Cole y Alex.

Estábamos tan cerca de la ventana que el corazón me iba a mil por hora. No tenía todas conmigo para salir ileso, pero he salido de cosas peores. El infierno aún no estaba listo para acogerme.

Ya casi habíamos llegado, pero en ese instante Alex apartó a un guardia de un empujón, sacó su pistola y nos apuntó. Ese malnacido iba a disparar incluso con María en medio. La empujé a un lado y salí corriendo hacia la ventana.

Sonaron dos disparos. Uno de ellos me rozó el hombro izquierdo.

—¡Muere, maldito! —gritaba Alex.

Para entonces ya había impactado contra el cristal para caer al río. En ese instante también escuché cómo Cole se dirigía a Alex.

—¡Alex, deja de disparar! ¡Está María de por medio!

Mientras caía al vacío, las vistas que tenía eran de un cielo muy claro. Sentía el aire invadiendo mis pulmones. El dolor estaba desapareciendo. Creo que este va a ser mi final.

Katrina, lamento todo lo que has tenido que vivir. Todo ha sido por mi culpa. No he sido capaz de protegerte. Todo ha sido en vano. Lamento no haber podido expresarte mis sentimientos y, sobre todo, lamento no haber podido sacarte de este lugar. No mereces ningún mal. Si el cielo que estoy viendo ahora mismo es tan hermoso como lo eres tú, es porque eres el ángel que lleva avivando mi corazón desde que éramos pequeños. Nunca te olvidaré.

En ese preciso momento mi espalda impactó contra el agua, sintiendo un terrible dolor que recorría todo mi cuerpo. Me estaba sumergiendo en lo más profundo del río. No era capaz de mover mi cuerpo. Con los ojos medio cerrados y nublados, vi la silueta de dos personas. Entonces comprendí que las alucinaciones se estaban apoderando de mí. Ya no me quedaban fuerzas y cerré los ojos.

Capítulo 18: Sueños en la cabaña

Me encontraba caminando por un sendero, lo que parecía ser el camino de un bosque. Las imágenes que presenciaba eran distorsionadas; la niebla envolvía el lugar, junto a unos cánticos que no se podían entender bien. A lo lejos se podían apreciar dos siluetas de tamaño pequeño; parecían ser niños. Me decidí a acercarme a ver quiénes eran. Se encontraban jugando alrededor de un árbol con las hojas caídas; reían y cantaban mientras daban vueltas al árbol. No tenían rostro alguno y, en el momento en que me acerqué, los cánticos dejaron de sonar por todos lados. Las dos siluetas se pararon y se giraron lentamente hasta posarse frente a mí. En ese momento, sus cuellos se giraron hacia un lado; cada uno de ellos alzó el dedo índice y lo dirigieron hacia mí.

—Ella ha muerto por tu culpa —dijo una de ellas con voz de niño.
—No cuidaste de ella, Hayden, y ahora tendrás que pagar por el daño que le hiciste —su voz era la de una niña pequeña, la cual me era bastante familiar.

—Tú la has matado, Hayden. Ahora vivirás en desgracia, no eres capaz de salvar ni de cuidar a nadie. Tu sino está escrito —el niño subió el tono con sus palabras.

—Su corazón no te pertenece; ahora está vagando por el sendero del abismo de la mismísima muerte, y ella no te recordará.

—¿De quién estáis hablando? —dije furioso.

—Lo sabes muy bien, Hayden, aunque no quieras admitirlo —dijo ella mientras se acercaba a mí, dejando ver un poco el color de sus ojos, y los volvió a esconder.

—Katrina —murmuré con la voz apagada mientras miraba al suelo.

—Llegado el momento tendrás que elegir, Hayden, y que sepas que a la muerte no la engaña nadie —hablaron las dos siluetas mientras se iban desvaneciendo entre la niebla.

—¿Elegir? Esperad, no os vayáis, decidme qué es lo que tengo que hacer.

Corrí hacia las siluetas, pero ya se habían ido. No entendía nada de lo que estaba pasando».

Desperté de un salto, inclinando mi cuerpo hacia adelante y llevándome la mano derecha al pecho. Me faltaba el aire y me di cuenta de que todo había sido un sueño. Me di cuenta de que me encontraba en mi habitación de la cabaña. Eso quiere decir que sigo con vida, y también lo sé porque el dolor me recorría todo el cuerpo. Llevé la vista a mi torso desnudo, el cual estaba vendado, y también a las heridas de mis brazos. Fui al baño y me observé en el espejo: del cuello para abajo estaba lleno de moratones y he de decir que mi rostro también había salido mal parado.

La cuestión es: ¿quién me habría traído hasta aquí? Me puse unos pantalones negros y una camiseta de tirantes de color blanca que se encontraban al borde de la cama, me calcé y me dirigí al salón. Hacía bastante tiempo que no venía por aquí y la cabaña se encontraba helada. Fui a la parte trasera, donde se encontraba el cobertizo. Al entrar, había varias herramientas y una mesa de trabajo, la cual me trajo varios recuerdos, de cuando el maestro se ponía a tallar sus figuritas de madera. Abrí un armario que se encontraba cerca de la mesa; de él saqué un hacha y salí afuera. Cerca de la cabaña había unos troncos que podía utilizar para calentar la cabaña.

Uno tras otro fui partiéndolos por la mitad con un golpe seco, aunque me costaba esfuerzo debido a los dolores, y en esta casa hacía tiempo que no se encontraban medicamentos. No me quedaba otra que aguantar el dolor.

A lo lejos, por el camino de tierra que daba a este lugar, se acercaba una furgoneta blanca, la cual estaba algo descuidada. Junté más los ojos para intentar reconocer quién iba conduciendo y, además, no venía sola: alguien ocupaba el asiento del copiloto.

Cogí el hacha y la escondí detrás de mí. Estaba preparado por si tenía que partir a alguien en dos. La furgoneta aparcó rápidamente a pocos metros de mí y de ella se bajaron dos mujeres. Una, muy eufórica, vino corriendo hacia mí a gritos; la otra se quedó paralizada al lado de la furgoneta, mientras miraba a su compañera, que gritaba como una loca poseída.

—¿Se puede saber qué estás haciendo aquí afuera en tu estado? Deberías estar guardando reposo, y peor aún es tener que encontrarte aquí como todo un machote cortando leña en tu estado. Debería pegarte por ello, pero tal y como estás no merece la pena —Katrina vino hacia mí con un enfado enorme. No le hizo mucha gracia verme así. Quise responder, pero no me dejaba—. Suelta eso ahora mismo y entra rápido a la casa, que vas a coger frío. Ahora faltaría que te enfermaras con todo lo que tenemos encima. Hayden, no quiero tener que volver a repetirte las cosas. No soy tu madre para tener que estar detrás tuya. Cada vez que tu cuerpo se encuentre en mal estado tienes que cuidarte más.

Entonces llegó hasta mí y se lanzó a mis brazos. Me apretaba tan fuerte que sentía cómo mis huesos crujían como si fueran galletas al partirse.

—Ay, ay, ay, Katrina, lleva cuidado, ¿no ves que estoy mal-herido?

Se alejó de mí, me miró arqueando una ceja y se volvió a tirar a mis brazos.

—¿Crees que no lo sé? ¿Quién crees que te sacó del agua mientras estabas inconsciente? Pues está claro que fui yo, así que sé más considerado si no quieres que acabe contigo.

Sus brazos se calmaron, al igual que su respiración, pero no me soltaba y, la verdad, no quería que lo hiciera. Me sentía aliviado, me sentía protegido; esta sensación era muy gratificante.

—Pensé que te perdía. Hubo un momento en que sentí que tu corazón se había parado, y entonces comenzaste a luchar y despertaste, pero te volviste a desmayar. En ese momento, Sofía y yo te metimos en esa furgoneta y te trajimos aquí, al lugar que me dijiste de encontrarnos en unos días. Pero mira cómo son las cosas: vinimos antes y los días pasaron. Has estado durmiendo cuatro días. Cole y Alex han dado el aviso para que den con nosotros. Fuimos a la ciudad de incógnito con esos disfraces raros que tienes ahí dentro y nos hicimos pasar por otras personas para poder comprarte estos medicamentos que aliviarán tu dolor.

Entonces señaló a Sofía, la cual se acercaba con timidez hacia nosotros, con una bolsa llena de medicamentos.

—Sofía, te presento a Hayden. No tengas miedo de él, no te hará daño, aunque si te acercas mucho a él podría saltar como un lindo gatito —me miró y me guiñó un ojo.

—Qué pesada eres, Katrina, no me das ni un respiro. De acuerdo, vayamos dentro —le dije con una sonrisa.

Entonces me ayudaron a recoger la leña para encender un fuego dentro de la casa. El atardecer estaba envolviendo el bosque y el sonido de los animales tomaba fuerza alrededor de nosotros.

Dentro de la casa acompañé a Sofía a una de las habitaciones. Le dejé ropa por si quería darse un baño, pero al tumbarse en la cama cayó totalmente rendida y se quedó dormida.

Salí muy despacio de la habitación para no despertarla y dejarla descansar. Pobre de ella, era muy joven para verse involucrada en esta situación. Me percaté de que Katrina la cuidaba como si fuera su hermana; me dio a entender que se veía a sí misma en ella, por las cosas que tuvo que pasar.

Fui a la cocina y preparé algo rápido de comer. Tampoco es que tuviera mucho con lo que poder cocinar. Saqué dos botes de conservas de judías verdes y los puse a fuego lento. De seguido fui hacia la bodega que tenía escondida mi maestro, la cual para mí en su tiempo fue fácil de encontrar. De ella saqué un vino blanco, el cual estaba guardando para una ocasión especial.

Después de tener todo preparado, llevé la comida al comedor del salón. Mientras tanto, Katrina se encontraba controlando el fuego para que no se apagara. Ahora la casa era más acogedora y estaba calentita; daba gusto tenerla así.

Nos sentamos a la mesa. Descorché la botella de vino y le serví una copa y otra para mí. Brindamos mirándonos a los ojos y dimos un trago. De seguido empezamos a comer. Al parecer, los dos teníamos tanta hambre que era como si lleváramos días sin probar bocado, como en los viejos tiempos. La verdad es que, mientras estábamos comiendo, no abrimos la boca para nada, pero nuestros ojos hablaban por sí solos. Había tanto que decir y tanto que soltar, pero este momento era único. Nadie nos molestaba y no teníamos que correr a ningún lado. Éramos solo ella y yo, y nadie más. Era único.

Al terminar de comer, recogí los platos y los llevé a la cocina. Abrí el agua caliente y comencé a fregar. En ese momento, unas manos tocaron mi nuca y, de seguido, empezaron a acariciarme el pelo en círculos. Cerré el agua y me di la vuelta. Entonces, un ángel estaba frente a mí.

Sus ojos eran lo que siempre había deseado. Sus labios eran fruto de la manzana prohibida, al igual que su cuerpo. Katrina se acercó más a mí, hasta el punto de que nuestros labios se encontraron, y se sentían muy cálidos. Deslicé mis brazos por su cintura y metí mis manos por debajo de su camiseta. Su piel era cálida como el fuego. Muy despacio le quité la camiseta y mis labios se deslizaron hasta su cuello, muy lentamente, mientras con el índice derecho le acariciaba el abdomen, llegando hasta su cintura.

La levanté en brazos y fuimos directos al sofá que se encontraba enfrente del fuego. Nos envolvimos con el calor de las llamas. Me quitó la camiseta y nuestros cuerpos se juntaron. Sus dientes se clavaban en mi cuello, mientras me agarraba del pelo y me apretaba contra su pecho desnudo. Le quité la parte de abajo y ella la mía. Entonces nos miramos y nos sonreímos el uno al otro. Me acerqué a ella despacio y me puse encima. Entonces nuestros cuerpos se unieron en un frenesí ardiente.

Me dio la vuelta, dejándome tumbado y ella encima de mí. Su cuerpo se movía despacio encima de mí y se sentía tan placentero… Levanté el cuerpo hacia ella. Con la mano derecha rodeé su cintura y con la izquierda la puse detrás de su pelo, mientras la agarraba despacio y nos besábamos con locura. Nuestros cuerpos hablaban por sí solos, nuestros ojos juraban amor eterno, nuestras manos decían que jamás podrían soltarse y nuestros labios nos daban confianza.

—Soy todo tuyo en esta vida y en la otra —murmuraba lentamente.
—No me dejes nunca —me susurró despacio al oído.

Terminamos rendidos mirándonos y nos tumbamos en el sofá con los cuerpos desnudos. Me situaba detrás de ella, mientras mi brazo izquierdo pasaba por encima de su pecho desnudo y apretaba su cuerpo con el mío. Besé su nuca muy despacio y agarró con fuerza el brazo con el que la rodeaba, y se echó para atrás, pero entonces un ruido sonó y alguien irrumpió en el salón.

—¿Hola? ¿Hay alguien ahí? ¿Katrina? ¿Hayden, estás ahí? —la voz de Sofía temblaba con miedo.

—Estamos aquí, detrás del sofá, pero ahora mismo no estamos visibles.

Entonces Katrina levantó la mano por encima del sofá para que viera dónde nos encontrábamos y empezó a reír a carcajadas sin parar. Su risa terminó por contagiarme y tampoco me era posible parar de reír. Ya no recordaba cómo era sentirse así y comprendí por qué tengo que acabar con la organización. Tengo que hacerlo por ella, por nosotros.

Capítulo 19: Cenizas, amor y castigo

Katrina.

Desperté con el sonido de los pájaros y los rayos de luz que entraban por la ventana. Me giré de lado y ahí estaba él, con los ojos cerrados, descansando. Me vino a la mente todo lo sucedido de anoche y una sonrisa se posó en mi rostro; me sentía feliz.

Fui a la habitación de Sofía para ver cómo se encontraba, pero al llegar esa pequeña mocosa ya no estaba ahí. Un aroma provenía de la cocina y fui a ver de qué se trataba.

El olor era cada vez más intenso y la verdad es que olía súper bien. Llegué a la cocina y esa mocosa tenía todo patas arriba. Se ha pasado toda la mañana cocinando, por lo que veo.

—Buenos días, señorita. ¿Has dormido bien? —notaba sarcasmo en sus palabras mientras levantaba las cejas una y otra vez.

—Muy graciosa, mocosa. ¿Y señorita? Sigo siendo joven —entonces le di una palmadita en la espalda.

—Bueno, si eso es lo que piensas, eres libre de hacerlo —se empezó a reír y me guiñó un ojo.

Esta chica, un día, va a terminar con mi paciencia. Ya hace un tiempo decidió quedarse conmigo y no volver con su tía, y para mí era un alivio tenerla conmigo.

Un sonido provenía del salón y fui a ver de qué se trataba. Era mi teléfono, que estaba sonando. Qué cabeza la mía, ya no recordaba dónde lo dejé, y ahí estaba, en el sofá. Lo cogí y un número oculto estaba llamando.

—¿Dígame? —dije con voz pausada.

—¿Hablo con Katrina? —era la voz de una mujer.

—¿Quién pregunta? —me parecía raro que me llamara una mujer con número oculto, y no era ninguna de las chicas.

—Soy María, una de las mejores amigas de Hayden. Tenemos que vernos, corréis un grave peligro —su voz parecía alarmada.

—¿María? ¿La mujer de Cole? ¿Cómo voy a fiarme de ti, si ellos están tras nosotros? —le dije eufórica.

—Puedo asegurarte, como le dije a Hayden, que yo no estaba al corriente de nada. Nos vemos en media hora en la siguiente dirección: bajo el puente del Conde. Es un sitio discreto, donde nadie nos moleste. Tenemos que hablar.

No sé si podía fiarme de ella, pero dijo que era una de las mejores amigas de Hayden y tenía intriga de saber qué es lo que quería decirme.

—De acuerdo.

Le diré a Sofía que me acompañe y dejaré a Hayden descansando. Aunque su recuperación es rápida, aún no está listo del todo.

De camino al puente del Conde, notaba cómo Sofía estaba molesta, ya que había preparado un desayuno especial para los tres, pero no daba tiempo a degustarlo.

Mi cabeza estaba llena de pensamientos, como el de vivir los tres juntos en un lugar bonito, alejados de este sitio, donde poder compartir mi vida con Hayden sin ataduras, que Sofía tuviera una buena vida, no como la de nosotros. Dicen que soñar es fácil y difícil, a la vez, conseguirlo. Nada aún está perdido. Si hemos sido capaces de sobrevivir a esto, aún podemos.

Pienso que, a veces, he sido dura con Hayden. Tampoco es que supiera mucho por lo que ha tenido que vivir este tiempo. Seguro que no fue fácil. A veces me pongo algo cabezona, y lo mismo pasa con él. Es algo que choca entre nosotros, pero que nos une al estar juntos. Somos piezas diferentes de distintos tableros, pero cuando se juntan, somos uno. Se podría decir que es algo único e inigualable.

Hace mucho tiempo decidí no sentir nada, alejarme lo más posible del amor, de los sentimientos, pero cuando estoy cerca de él todo cambia. Un mundo se abre a mi paso y, cuando estoy con él, me siento segura. Sé perfectamente que haría lo posible por mí y eso, a la vez, me da miedo. No quiero perderle. Y a veces sus sentimientos le hacen ser impulsivo y, a la vez, predecible. Se podría decir que su única debilidad soy yo, y eso que se ha vuelto más fuerte que nunca, a pesar de que ya en el pasado lo era.

Dejamos la furgoneta cerca del puente del Conde y fuimos directas a la parte de abajo del canal. Allí se encontraba María esperándonos. No había más gente en la zona. El lugar parecía seguro.

—¿Quién es ella? —preguntó sorprendida.

—No te incumbe. ¿Qué es lo que quieres de mí? —creo que mi forma de hablar le molestó, pero aún no puedo fiarme de ella.

—Sé que van tras vosotros y sé lo importante que eres para Hayden, como él lo es para mí. La vez que fue traicionado y desapareció, él nunca te abandonó. Estuvo viviendo en mi casa junto conmigo y mi madre. Tiempo después se cometió un robo en mi casa y, tras sus antecedentes de delincuencia, no le creímos y fue culpado injustamente. Después de ello tuvo un accidente y le dimos por muerto. No creas que él te abandonó, él fue el abandonado. Siempre tuvo ese deseo de volver a por ti, pero era joven.

Unas lágrimas comenzaron a deslizarse por sus mejillas.

—¿Por qué me cuentas esto?

Se llevó las dos manos al pecho.

—Como te he dicho, él es importante para mí. En un tiempo pasado tuve sentimientos hacia él, pero le fallé y terminé con un monstruo que pensé que había cambiado, pero no fue el caso. Si te he llamado para reunirnos aquí no ha sido solamente para informarte. Ten…

Sacó una maleta negra y la abrió. Estaba llena de billetes.

—Aquí hay suficiente dinero para que os podáis marchar y vivir una buena vida, la que merecéis los dos… bueno, en este caso, los tres.

Llevó la mirada a Sofía.

Hayden nunca me contó que conocía a María y que estuvo conviviendo con esa familia. La verdad es que tampoco hemos tenido tiempo para hablar de ello. Una sensación me recorría por el cuerpo, dándome a entender que puedo fiarme de ella. No veo maldad. Lo que siento es que también ha formado parte de engaños.

Me acerqué para coger la bolsa y, en ese momento, se me acercó y me abrazó. No entendía ese gesto tan repentino.

—Lo siento de corazón, Katrina. Cuida de él y espero que seáis muy felices.

Entonces se alejó de mí despacio.

—Gracias, María. Tú también cuídate.

Le dije con asombro y, en ese momento, unas figuras aparecieron detrás de ella. Eran unos hombres uniformados y, tras nosotras, resonaron unas voces.

—Pero qué conmovedor. Tanto que vais a hacerme vomitar.

Me giré para ver quiénes eran. Alex y Cole entraron en escena, armados con pistolas, mientras nos apuntaban a mí y a Sofía. ¿Será posible que me haya tendido una trampa y todo fuera una mentira para traernos aquí? Será malnacida.

—Nos has engañado. Sabía que no podía confiar en ti —le dije, tirándole la maleta al pecho.

—No, de verdad. He venido sola.

Se la notaba confusa.

—Oye, Cole, ¿eres capaz de controlar a tu mujercita? —Alex le habló con sarcasmo a Cole.

—Lleva más cuidado con cómo te diriges a mí —Cole le echó una mirada desafiante.

—Deja que se vayan, por favor, Cole. Ya me tienes a mí. Es lo que siempre has deseado desde pequeño. Olvídate de todos ellos y de todo el mal que has hecho. Aún estás a tiempo de salvarte. Sé que hay una pizca de bondad dentro de tu corazón, aunque tú no lo creas. Tu vida tampoco fue fácil con tu padre. Eso no significa que tengas que acabar como él. Podemos hacer como ellos e irnos lejos de aquí y empezar una nueva vida.

Entonces Cole comenzó a bajar despacio su arma, que apuntaba a mi pecho.

—Bla, bla, bla… estoy harto de esto.

Alex apuntó rápidamente a Cole en la cabeza y disparó. Su cuerpo cayó al canal y comenzó a reír. No hay salvación para él. Ahora sí estábamos perdidas. Lo raro es que los hombres que tenía María ni se inmutaron. Lo volvió a hacer. Se ganó el favor de ellos.

—Muy bien, señoritas, ahora en fila vais a caminar con las manos en alto con mis amigos y vais a hacer todo lo que ellos os digan y sin rechistar. No queremos que el río siga llevándose consigo más cuerpos, ¿verdad?

Movía el arma de arriba abajo mientras señalaba hacia los hombres. No teníamos más opciones que hacerle caso. No quedaría bien en mi conciencia si Sofía terminara muerta por mis impulsos.

El lugar donde estábamos me era familiar. Meses atrás, Alex me ordenó que comprara una nave cerca de la cascada Carrie y, por el sonido de ella, era exactamente donde nos encontrábamos.

Nos trasladaron a una habitación bastante amplia y vacía. Como mucho había tres sillas, en las cuales nos sentaron a las tres y nos ataron las manos con vigas por detrás de ellas, y nos pusieron unos pañuelos en la boca para que no nos comunicáramos entre nosotras o gritáramos. La cuestión es que esta nave se eligió ya que está alejada de Skid Row, a las afueras.

Seguía enfadada con María por habernos traído hasta aquí, aunque también entendí que ella no tenía nada que ver, si no, no estaría en esta situación como nosotras y Cole no se hubiera llevado un tiro en la cabeza.

Definitivamente, Alex había perdido el juicio totalmente. Ahora sí, de verdad, se acaba de convertir en el rey, ya no solo de Skid Row, sino de la ciudad entera.

La puerta se abrió y tras ella entró una persona que no me esperaba para nada. Se trataba de Elena. Al parecer, la niña bonita tenía un lado oscuro guardado, aunque eso ya lo noté yo desde aquel día que hablamos. Con una pistola en la mano se acercó a nosotras y me quitó el pañuelo de la boca.

—¿Qué tal está mi princesa? ¿Todo a su gusto?

Me abofeteó dos veces en la cara con el arma.

—Vete a la mierda, perra.

Le escupí sangre en la cara, y fue algo que no le agradó demasiado.

—No, no, no… ¿pero qué clase de modales son estos? Déjame que te enseñe cuál es la forma correcta de comportarse.

Se acercó a Sofía por detrás y, con el canto de la pistola, le golpeó en la cabeza tan fuerte que cayó hacia atrás.

—Déjala o tendré que matarte. Si eres tan valiente, ven por mí. Sé que estás ardiendo en deseos de verme sufrir, y lo sé porque se huele tu envidia a kilómetros. Aún no estás conforme con que Alex siga tras de mí. Por más veces que te lo tires, al final siempre terminará pensando en mí.

Escupí sangre al suelo mientras se me escapaba una pequeña risa. En ese momento se puso enfrente de mí y volvió a bofetearme, esta vez con la mano abierta. Se acercó al oído para susurrarme:

—No vas a salir de aquí con vida, ninguna de vosotras.

Zarandeando levemente la cabeza, vi que estaba a punto de perder el conocimiento. Impulsé mi cabeza contra su frente y la tiré hacia atrás. Las vigas que estaban atadas en mis muñecas las rompí. ¿Qué se pensaba, que no tenía fuerzas en mis manos?

Me puse de pie, agarré la silla y, con fuerza, se la partí en la espalda. La silla se rompió en pedazos, dejando así una pata de ella en forma de daga. La agarré y arremetí contra ella.

—Vete al infierno, puta.

Le clavé la daga hasta el fondo del corazón.

Fui a ver cómo se encontraba Sofía. Todavía seguía inconsciente. Las desaté rápido a las dos y volteé la cabeza para ver si había alguna salida, y la había, aunque no era demasiado agradable, ya que se trataba de unas alcantarillas.

Me acerqué al cuerpo de Elena y le quité el móvil. Llamé al número de Hayden que me dio tiempo atrás, pero estaba fuera de cobertura, sería debido a estar dentro de este lugar, así que le dejé un mensaje escrito.

Agarramos a Sofía entre las dos y nos colamos por la alcantarilla. Era lo suficientemente grande para escapar por ahí.

Al llegar al final del túnel, una rejilla ocupaba el paso de la salida. Con fuertes golpes conseguimos romperla y salir tras ella.

Comenzamos a correr por el bosque con Sofía a hombros. Era de esperar que tarde o temprano se dieran cuenta de que estábamos huyendo y, con el peso de Sofía, no podíamos llegar muy lejos.

—María, tienes que llevarte a Sofía de aquí. Yo me encargaré de que sigan mi rastro, pero no podemos permitir que la atrapen, es solo una cría —le dije calmada, ya que ella se encontraba algo alterada.

—No voy a abandonarte, todo esto ha sido por mi culpa.

Movía la cabeza a todos lados, llorando a más no poder.

—Escúchame atentamente, todo va a salir bien. Aléjate lo más rápido que puedas. Toma este móvil y, en cuanto tengas señal, Hayden podrá localizarte.

Le agarré de los hombros y agaché un poco la cabeza.

—No me iré —murmuró.

—Vete de una vez.

La empujé despacio y vi cómo se alejaban lentamente. Entonces limpié las lágrimas que caían de mis ojos, tomé aire y comencé a correr hacia otra dirección que daba lugar a la cascada.

Mientras corría iba dejando un rastro tras de mí. Tenía que darles todo el tiempo posible para que escaparan.

Hayden, date prisa.

Capítulo 20: ¿Ángel o demonio?

Hayden.

Ya me encontraba mucho mejor. La verdad es que este descanso me ha venido muy bien. Observé que Katrina no se encontraba a mi lado y es normal, se ha hecho tarde, he dormido bastante.

Me puse de pie y fui hacia el armario. De él saqué una camisa azul oscura, unos pantalones de vestir negros, una americana y mis zapatos de vestir, ajustados para la ocasión. Quería que Katrina me viera bien y no como el trapo de estos días.

Salí de la habitación y no se escuchaba nada, pero un olor súper rico proveniente del comedor me llamó la atención, así que fui directamente a ver de qué se trataba. La comida olía muy bien. Quise probar un poco, pero cuando fui a hacerlo estaba frío y pensé cuánto tiempo llevaría eso ahí y por qué ellas dos no habían probado bocado. Era todo un poco extraño. ¿Se puede saber dónde están?

El teléfono vibró en mis pantalones. Era un mensaje de un número desconocido. Me parecía raro, ya que solo una persona sabía de este número y se trataba de Katrina. Comencé a leer el mensaje y una corriente de escalofríos y de ira me recorrió todo el cuerpo:

"Hayden, estamos en peligro. Fuimos secuestradas por Alex. Cole está muerto, Alex lo mató. Hemos conseguido escapar. Elena está muerta y este es su teléfono, rástrélo, que se te da bien, pero ven rápido, corremos peligro".

No podía creer lo que estaba viendo con mis ojos. Mi cuerpo se quedó inmóvil durante varios segundos. El sonido de un cuervo me hizo volver en mí y salí corriendo al garaje. Quité una lona que cubría un vehículo antiguo que el maestro guardaba. Se trataba de un Ford Mustang cabrio V8.

Vamos, maldito trasto, arranca de una vez.

Entonces el rugido del motor resonó con fuerza y salí veloz. Salí tan rápido que me llevé una pequeña valla de madera que rodeaba la cabaña. Rastree el teléfono con el que Katrina me había contactado y me llevó dirección a la cascada Carrie. No estaba muy lejos de donde me encontraba ahora mismo, pero aun así tenía que darme prisa. No hay tiempo que perder. Aguantad, estoy de camino.

Llegué a mitad de la colina y vi a dos personas que bajaban a prisa por ella. Se trataba de María y Sofía. Se veía que estaban malheridas. Entonces pegué un frenazo y bajé rápido del coche, agarré una pistola que tenía en la guantera y me la guardé en la espalda.

—¡María, por aquí! —grité mientras corría hacia ellas.

—¡Hayden, ayuda, corre, se me va a caer!

Llegué veloz y agarré a Sofía. En ese momento, María cayó rendida al suelo. Se la veía agotada.

—Hayden, tienes que subir rápido. Katrina está en peligro. Decidió correr hacia otro lado y creo que fue en dirección a la cascada. Quería irse para que nosotras nos salvemos y creo que decidió ir dejando un rastro para que fueran tras ella y así nosotras escapar. Esa mujer es muy valiente. Tienes que ir por ella rápido. Estaremos bien, corre.

Dijo gritando y cogiendo a Sofía para meterla en el coche. Tengo que darme prisa.

Salí corriendo como alma que lleva el diablo, sin parar. Estaba cerca, tan cerca que no pensaba con claridad. Se me venían varias escenas a la cabeza y ninguna era buena. Alex, has conseguido todo lo que querías, pero aquí llega el final de todo.

Entonces todos los momentos que vivimos de pequeños comenzaron a aparecer por mi cabeza, escena tras escena, y pensar que en un momento fuimos felices, aunque tuviéramos poco… Pero la codicia, el poder, pueden corromper a cualquier persona, y lo peor es que, cuando eso ocurre, el amor queda en el olvido.

Seguí el rastro que dejó María al bajar y llegué hasta el túnel por el que escaparon. Observé que había otro tipo de huellas que llevaban a otra dirección y, tras ellas, había varias más. Como era de esperar, Alex no sería tan tonto de seguir el rastro de María y Sofía. Él sabía perfectamente que Katrina iría corriendo hacia otra dirección.

Continué mi camino y el sonido de la cascada cada vez era más fuerte. Estaba muy cerca y, entonces, a lo lejos, al filo de la caída de la cascada, se encontraba Alex sujetando a Katrina por detrás, apuntando a su cadera, sin el dedo en el gatillo. A su derecha e izquierda se encontraban dos guardias de seguridad.

—Has tardado mucho en venir, Hayden. Pensé que querías perderte la fiesta.

Dijo mientras echaba una mirada a cada uno de los guardias.

—Alex, se terminó. Tú ganas, aquí me tienes, pero déjala libre. Sabes perfectamente que ella no tiene nada que ver en esto. Solo somos tú y yo. Suéltala y terminemos con esto.

Alcé las manos en señal de que no iba armado.

—Te equivocas, Hayden. Ella tiene mucho que ver. Solo con ver que su amor es por ti me dan náuseas y, si yo no la puedo tener, tú tampoco la tendrás.

Con la mano izquierda tiró de su pelo hacia atrás y ella gritó de dolor.

—Basta ya. A quien quieres es a mí. Siempre te has sentido superior a todos, pero lo que más rabia te da es que no has podido sobrepasarme. Has ido acabando uno a uno, como en una partida de ajedrez. El juego aún no ha acabado, yo sigo aquí.

Le dije mientras avanzaba un paso hacia él.

—Si vuelves a dar un solo paso más, acabaré con su vida.

Sonrió dejando ver sus dientes. Parecía que el diablo se había apoderado de él.

—Jefe, mira a quién he encontrado deambulando por aquí.

Un tercer guardia entró en escena sujetando fuertemente a María. Mierda, ¿se puede saber qué hace ella aquí?

—Suéltame, maldito. Lo siento, Hayden, no podía volver a abandonarte y a Katrina tampoco.

El guardia la sujetaba muy cerca de la caída. María, no tendrías que haber venido, pensé para mis adentros.

—Esto lo hace todavía más interesante, ¿no crees, hermanito?

Se notaba en su mirada que se lo estaba pasando en grande. Tenía que pensar rápido y actuar, pero entonces llevé la mirada a Katrina y movió la cabeza despacio de un lado a otro mientras pronunciaba unas palabras en voz baja, las cuales entendí:

—Te amo, Hayden.

Y vi que, debajo de su ombligo, sacó una pequeña daga. No estaría pensando…

—¿Qué es lo que has dicho?

Alex llevó la mirada hacia Katrina y entonces ella, con la mano derecha, sujetando la daga, la pasó por debajo de su brazo izquierdo, clavándosela en el costado, y golpeó su barbilla con la cabeza, impulsándolo hacia atrás. Entonces sonó un disparo.

—¡Nooo!

Desenfundé rápidamente el arma y disparé a los guardias que estaban observando la situación. Por último apunté a Alex, que sonreía, y le propiné tres disparos, dos al pecho y uno a la cabeza, y cayó por el abismo hacia la cascada.

Corrí velozmente hacia Katrina, que había caído al suelo. La bala había impactado en su costado, dejándola rendida, llena de sangre. La agarré y la posé sobre mis brazos, los cuales me temblaban sin parar, al igual que las manos.

—No, por favor, no me dejes. No puedes hacerme esto. Te vas a poner bien.

Me quité la camisa y le tapé la herida, la cual no dejaba de sangrar.

—Hayden, ¿eres tú?

Estaba anonadada.

—Sí, mi amor, estoy aquí. Aguanta, te vas a curar.

Entonces su mano derecha, manchada de sangre, la puso en mi mejilla.

—No te asustes, estoy bien, estoy aquí contigo. Al final lo conseguimos, estamos juntos y voy a ir a un lugar mejor.

Su voz cada vez era más tranquila y se escuchaba más baja.

—Lo siento mucho, mi amor. Iré contigo a ese lugar, no te voy a dejar.

Le dije a punto de sacar mi arma. Entonces la tocó y la bajó.

—No puedes venir conmigo, tienes que cuidar de Sofía. Te pediré un favor antes de irme: dale la vida que no conseguimos tener. Esa chica vale oro y ella te lo demostrará. Quiero que vivas y sigas luchando como hasta ahora. Te amo y te amaré en esta vida y en la otra.

Con las pocas fuerzas que le quedaban, se acercó a mí para unir nuestros labios una última vez.

—En esta vida y en la otra, siempre te amaré.

Una pequeña sonrisa se mostró en su rostro y, poco a poco, fue bajando la cabeza hasta que sus ojos se quedaron en blanco.

La lluvia empezó a caer sobre nosotros y el cielo rugía sin cesar. Parecía que estaban tocando tambores en él, y debía de ser así, ya que un ángel acababa de subir al cielo y las puertas las estaban abriendo para ella.

Su cuerpo seguía en mis brazos. No conseguía apartar la mirada de su rostro. No quería moverme de ese lugar. No tendría que haber muerto ella, tendría que haber sido yo. Nos ha salvado. Nos ha salvado a todos.

—Hayden, tenemos que irnos de aquí —dijo María mientras se secaba las lágrimas.

—¿Qué?

Mi voz estaba perdida.

—Que tenemos que irnos de aquí.

Reaccioné y, en brazos, agarré a Katrina para marcharnos de ese sitio. Al llegar al coche, Sofía ya había despertado y vino corriendo hacia nosotros. Al llegar, cayó rendida de rodillas al ver el cuerpo sin vida de Katrina. En ese momento María fue hacia ella, la abrazó y le tapó los ojos.

—Montaros en el coche, nos vamos de aquí.

Apretaba tanto la mandíbula que sentía que se me iba a partir. Nos montamos en el coche y nos fuimos.

Llegamos a la ciudad y dejé a María en su casa. Unos guardias se mostraban apostados en la vivienda. Al verla bajar del coche me di cuenta de que esos guardias seguían siéndole fieles. Por ese lado podía permanecer tranquilo. Todo había terminado.

María se despidió de Sofía y, de seguido, se acercó hasta mi ventana.

—¿Qué piensas hacer ahora? —dijo confusa.

—Cumpliré con su última voluntad. Me llevaré a la chica de aquí.

Miré por el retrovisor a Sofía, que se encontraba mirando por la ventana.

—¿Nos volveremos a ver?

Entonces me miró fijamente, esperando un sí.

—No volveré por aquí. Además, veo que lo vas a tener todo bajo control.

Eché una mirada furtiva a los guardias y noté que se asustaron al ver mi rostro.

—Cuídate mucho, Hayden.

Apartó la mano del vehículo.

—Y tú.

Entonces miré hacia delante mientras arrancaba el coche.

—Hayden, no fue tu culpa.

Dijo sin apartar la mirada. El sonido de una llamada en su móvil intervino en el momento y, antes de cogerla, me apretó la mano en señal de despedida.

Agarré con fuerza el volante y proseguí el rumbo. ¿Cuál rumbo? El que fuera lejos de aquí. Ya nada me ataba a este lugar.

Por el retrovisor observé que María se había llevado las manos al pecho y el móvil se le había caído al suelo. Se había quedado petrificada. Sería debido a los acontecimientos ocurridos.

Salimos de la ciudad y Sofía se había quedado dormida. Al igual que yo, se sentía rota por dentro. Observaba las nubes y un cielo oscuro, con lluvia, nos cubría. No podía quitarme de la cabeza que hubiera sido capaz de dar la vida por nosotros.

Para mí, ella ha sido una referencia de valentía, de amor y, sobre todo, de esperanza. En este mundo hay tantos corazones vacíos y tantas desgracias que, con estar cerca de ella, les cambiaría el mundo.

Jamás te olvidaré. Eres y serás la luz que guía mi corazón, al igual que mi espíritu de lucha, en esta vida y en la otra.

Entonces unos rayos de luz del sol atravesaron una nube oscura, iluminando nuestro camino. Una sensación extraña me recorrió el cuerpo y entendí que se trataba de ella. Seguía aquí conmigo, con nosotros.

Fin.